Birgit Dickemann-Weber

Tabellenbuch
Zusammenarbeit im Betrieb ZIB

für die Prüfung zur/zum
Industriemeisterin (IHK) / Industriemeister (IHK)

Verlag
Dickemann-Weber

Impressum

1. Auflage 2012
ISBN 978-3-943772-00-5

Verlag Dickemann-Weber OHG

Autor
Birgit Dickemann-Weber

Layout, Organisation
Dirk Weber

Fotos
Umschlag: Fotolia (discussion on the meeting © Dmitry Goygel-Sokol)

Webseite
http://dickemann-weber.com, http://lernen-und-bestehen.de

Kontakt zu den Autoren
E-Mail: info@dickemann-weber.com

Vorwort zur 1. Auflage

Das Tabellenbuch ZIB ist zugeschnitten für die an der Meister-Weiterbildung interessierten Führungskräfte und bietet einen umfassenden Leitfaden als Lehrbuch in den Kursen, als Nachschlagewerk am Arbeitsplatz sowie zur effizienten, individuellen Prüfungsvorbereitung und als Hilfsmittel in der Prüfung.

Das umfangreiche Stichwortverzeichnis erlaubt es dem Leser, sich selektiv auf ein Einzelthema zu konzentrieren, sich im Ganzen auf die Prüfung „Zusammenarbeit im Betrieb" vorzubereiten oder während der Prüfung schnell nachzuschlagen

Noch ein Wort an die Leserinnen dieses Buches: Das Tabellenbuch enthält in der Regel Gruppenbezeichnungen, Berufsbezeichnungen etc. nur in der männlichen Form. Dies dient der sprachlichen Vereinfachung, um sperrige Doppelformulierungen wie Meister/Meisterin zu vermeiden und so den Text lesbarer zu gestalten. Selbstverständlich werden Meisterinnen in unserem Buch völlig gleichberechtigt angesprochen.

Kein Buch ist perfekt und fehlerfrei. Anregungen, konstruktive Kritik und sonstige Verbesserungsvorschläge unserer Leser sind daher willkommen und werden gerne aufgenommen. Wir wünschen allen Leserinnen und Leser viel Freude beim Lernen und eine erfolgreiche Prüfung.

Birgit Dickemann-Weber   Bretten, Februar 2012

Hinweise zur Verwendung in der Prüfung

Entsprechend der Hilfsmittelliste für die bundeseinheitliche IHK-Weiterbildungsprüfung „Geprüfte Industriemeister" (Stand Januar 2012), sind handelsübliche Tabellenbücher als Hilfsmittel in der Prüfung zum Industriemeister zugelassen. Dieses Buch entspricht den aktuellen Kriterien für Tabellenbücher der DIHK und darf somit im Allgemeinen in der Prüfung verwendet werden.

Bitte beachten Sie aber, dass die Regularien der Hilfsmittellisten für den Prüfungsstand **Frühjahr 2012** gelten und sich diese in Zukunft ändern können. Zudem gibt es für jede Fachrichtung gesonderte Hilfsmittellisten, die sich im Einzelfall unterscheiden können. Da einige IHK's zudem, trotz der bundeseinheitlichen Prüfung, Änderungen an der Hilfsmittelliste vornehmen, sollten Sie Ihre Hilfsmittelliste genau darauf prüfen, ob das Tabellenbuch in der Prüfung verwendet werden darf.

Wir übernehmen daher keine Haftung für die Verwendung des Buches in der Prüfung.

Autorin

Birgit Dickemann-Weber studierte Sozialpädagogik an der BA Villingen-Schwenningen und absolvierte erfolgreich an der Universität Mainz das Studium der Rechtswissenschaften mit anschließender Referendarausbildung beim Landgericht in Karlsruhe. Danach sammelte sie als Personalreferentin bei einem börsennotierten Unternehmen umfangreiche Erfahrungen im Personalmanagement. Qualifizierungen zur Personalentwicklerin und zur gepr. Wirtschaftsmediatorin (BA) runden Ihr Profil ab.

Seit zehn Jahren ist sie als freiberufliche Referentin und Trainerin in den Bereichen Recht, Kommunikation und Führung tätig und berät Unternehmen, sowie Fach- und Führungskräfte in allen Fragen des Personalmanagements. Sie ist zudem Prüferin bei der Industrie- und Handelskammer Karlsruhe.

Teil 1

Beurteilen und Fördern der beruflichen Entwicklung des Einzelnen - unter Beachtung des bisherigen Berufsweges und unter Berücksichtigung persönlicher und sozialer Gegebenheiten

1.1 Zusammenhang Persönlichkeitsentwicklung und beruflicher Entwicklung

Das Berufsleben hat sich in den letzten Jahren stark verändert.
Nicht nur der Erwerb von Fachwissen ist wichtig geworden, sondern auch das Wissen um die eigene Persönlichkeit - die Schwächen und die Stärken der einzelnen Person.
Durch immer häufiger eintretende Veränderungen im Berufsleben (in den Bereichen Technik, Organisation, Wissen, Fähigkeiten und Verhalten) ist ein stetiges Weiterentwickeln des Mitarbeiters von immenser Bedeutung.

Um die persönlichen und fachlichen Herausforderungen mit Erfolg meistern zu können, muss sich der Mitarbeiter auf einen **lebenslangen kontinuierlichen Lernprozess** einstellen und diesen mit seinen beruflichen und privaten Lebenszielen in Einklang bringen.

DEFINITION PERSÖNLICHKEIT

Unter Persönlichkeit versteht man die einzigartigen psychologischen Eigenschaften eines Individuums, in denen es sich von anderen unterscheidet.

Es ist als Führungskraft wichtig, die Faktoren zu kennen, die die Persönlichkeit und damit die (berufliche) Entwicklung der Mitarbeiter beeinflussen, um so die Mitarbeiter unterstützen zu können.

SELBSTWERTGEFÜHL

DEFINITION SELBSTWERTGEFÜHL

Unter Selbstwertgefühl versteht man die individuelle Einschätzung des Menschen im Bewusstsein seiner selbst und seines Verhältnisses zu den Mitmenschen.

Wesentlich beim Selbstwertgefühl ist der Wert und die Würde, die ein Mensch sich selbst gegenüber empfindet. Dabei ist eine kritische Betrachtung der eigenen Persönlichkeit notwendig.

Der Maßstab der Bewertung wird dabei zunächst zumeist aus der Sicht der Gemeinschaft entnommen, der man selbst angehört. Wird auf deren Urteil zugleich überhaupt der entscheidende Wert gelegt, so besteht das Selbstwertgefühl im Geltungsbewusstsein.
Aber, der Prozess des Selbstwertgefühls verläuft nicht kontinuierlich, sondern unterliegt verschiedenen inneren und äußeren Faktoren.

Beispiele:
körperliche und seelische Gesundheit, Herkunft, familiäre und berufliche Situation, finanzielle Möglichkeiten u.v.m.

? Von welchen Faktoren hängt das Selbstwertgefühl/ die Persönlichkeit ab?

Die Persönlichkeit/ das Selbstwertgefühl hängt ab ...

⇒ von beruflichen Erfolgserlebnissen
⇒ von der Wertschätzung anderer
⇒ von einem optimalen Verhältnis von Ich zu Ideal-Ich
⇒ von Selbstvertrauen und Selbstsicherheit
⇒ von Aufmerksamkeit, Liebe, Zuneigung
⇒ von der Übereinstimmung mit dem Gewissen, der Wertorientierung
⇒ von den eigenen Kompetenzen (= der Handlungskompetenz)

! **BEACHTE**
Das Handeln des Menschen ist auf die Stärkung seines Selbstwertgefühls gerichtet. Er vermeidet alles, was sein Selbstwertgefühl negativ beeinflusst.

Mögliche **Abwehrmechanismen**, die vor der Beschädigung des Selbstvertrauens schützen sind ...

Kompensation/ Ausgleich	Der Mitarbeiter verlagert seine Prioritäten auf ein anderes Feld als die Arbeit Bsp.: Ausgleich durch ein Hobby
Umwandlung/ Flucht/Konversion	Der Mitarbeiter wandelt seinen Frust um Bsp.: Flucht in die Krankheit - der Mitarbeiter wird (zumeist unbewusst) krank
Resignation/ Kapitulation	Die Enttäuschung ist so groß, dass der Mitarbeiter nach einer Niederlage keinen weiteren Anlauf mehr unternimmt Bsp.: Kapitulation durch innere Kündigung

Der Industriemeister sollte die möglichen Abwehrmechanismen kennen, aber auch wissen, was das Selbstwertgefühl des Mitarbeiters stärkt.

KOMPETENZEN

DEFINITION KOMPETENZEN

Nach der bundesdeutschen Kultusministerkonferenz (KMK) im Jahre 2000 wird Kompetenz verstanden als „die Bereitschaft und Fähigkeit des Einzelnen, sich in gesellschaftlichen, beruflichen und privaten Situationen sachgerecht durchdacht sowie individuell und sozial verantwortlich zu verhalten".

Im wesentlichen gibt es vier Arten von Kompetenzen, die gemeinsam die Handlungskompetenzen ergeben:

Sozial-kompetenz	Individual-kompetenz	Methoden-kompetenz	Fach-kompetenz
Fähigkeit besser miteinander zu kommunizieren, zu kooperieren und Konflikte konstruktiv zu lösen Sachliche und kooperative Auseinandersetzung und Verständigung; kritische und verantwortungsbewusste Urteilsfindung; Mitwirkung und Mitbestimmung	**Kenntnis eigener Fähigkeiten und Stärken und damit situationsgerecht umgehen zu können** Fähigkeiten und Einstellungen, in denen sich die individuelle Haltung zur Welt und zur Arbeit widerspiegelt	**Fähigkeit und Bereitschaft zu zielgerichtetem und planmäßigem Vorgehen bei der Bearbeitung beruflicher Aufgaben und Probleme** Auswahl, Anwendung und Weiterentwicklung gelernter Denkmethoden, Arbeitsverfahren und Lösungsstrategien zur Bewältigung von Aufgaben und Problemen	**Anwendung funktionsbezogener Kenntnisse und Fertigkeiten, die zur Lösung der aktuellen und zukünftigen Aufgaben erforderlich sind** Konkretes fachliches Können gestützt durch Erfahrungen
Bsp.: Kooperationsfähigkeit, Einfühlungsvermögen, Hilfsbereitschaft, Menschenkenntnis, Ausdrucksfähigkeit, Kommunikationsfähigkeit	**Bsp.:** Motivation, Initiative/Engagement, Selbstsicherheit, Kreativität, ethische Werthaltungen, realistisches Selbstbild, Ausdauer, Kritikfähigkeit, Lern- und Leistungsbereitschaft, Verantwortungsbereitschaft	**Bsp.:** Problemlösefähigkeit, Planungsfähigkeit, Flexibilität, Entscheidungsfähigkeit, Analytisches Denken, Gesprächsmethoden	**Bsp.:** berufstypische Kenntnisse, Fertigkeiten und Erfahrungen, logisches, analytisches und abstrahierendes Denken, Erkennen von System- und Prozesszusammenhänge

Was versteht man unter Handlungskompetenz?

?

Handlungskompetenz ist die **Schnittmenge der Kompetenzbereiche**.
Handlungskompetenz stellt die Fähigkeit und Bereitschaft dar, Kenntnisse und Fertigkeiten sowie persönliche, soziale und methodische Fähigkeiten in Arbeits- und Lernsituationen anzuwenden und für die persönliche und berufliche Entwicklung zu nutzen.

Handlungskompetenz bedeutet also die Befähigung eines Menschen

- sich situativ angemessen zu verhalten,
- selbstverantwortlich Probleme zu lösen,
- bestimmte Leistungen zu erbringen und
- mit anderen Menschen angemessen umzugehen

Der Industriemeister wird insbesondere daran gemessen, wie erfolgreich seine Mitarbeiter sind. Daher hat er die Aufgabe, die Mitarbeiter zu unterstützen und ihre Kompetenzen zu fördern. Dafür benötigt er selbst Handlungskompetenz.

1.2 Entwicklung des Sozialverhaltens des Menschen

Der Mensch lebt von Geburt an in sozialen Gruppen. Hier wird sein Individualwesen und sein Sozialwesen entwickelt.

Sein Verhalten ist ein Ergebnis aus Anlage, Begabung (biologische Faktoren) und Umwelt (Veränderung des Menschen durch Nachahmung und Lernen des selbst Erlebten und des Vorlebens der Bezugspersonen).

Entscheidend für die Entwicklung eines Menschen sind günstige oder ungünstige Umweltbedingungen insbesondere in der Primärgruppe Familie.

Was versteht man unter Sozialverhalten und Sozialisation des Menschen? ?

DEFINITION SOZIALVERHALTEN

„sozial" (lat.) = die menschliche Gesellschaft/Gemeinschaft betreffend; gesellschaftlich

Sozialverhalten bezeichnet das Verhalten von Menschen innerhalb einer Gemeinschaft oder Gruppe.

DEFINITION SOZIALISATION

Unter Sozialisation versteht man den Prozess der Entwicklung des Menschen - das Hineinwachsen in bzw. die Anpassung an bestimmte Werte- und Normsysteme sowie die Übernahme der dort herrschenden Ansichten und Regeln.

Die Sozialisation hilft dem Individuum, sich in seiner Umgebung zurechtzufinden und eine eigene Persönlichkeit zu entwickeln.

EINFLUSS VON „ANLAGE" UND „UMWELT"

? **Welche Bedeutung haben Anlagen und Umwelteinflüsse für die Persönlichkeitsentwicklung des Menschen?**

Der Mensch ist ein Ergebnis aus ...

Anlage	**Umwelt**
Unter Anlage versteht man ererbte bzw. vorbestimmte Ausgangsdispositionen, die zu Prägungen, Leistungsbereitschaften und Charaktereigenschaften führen.	Unter Umwelt versteht man in der Psychologie die sozialen Einflüsse aus Umwelt und Gesellschaft, die die Entwicklung des Menschen maßgeblich beeinflussen.
Bsp.: Begabung, ererbte Eigenschaften/ Veranlagung, Fähigkeiten, Neigungen, körperliche Entwicklung	Bsp.: Familie, Freunde, Berufswelt, soziales Lernen, Erziehung, bewusste und unbewusste Bildung, Freizeitangebot, Massenmedien, geistige Entwicklung

Es bestehen schon seit jeher Kontroversen über die Frage, ob den individuellen Erbanlagen oder den individuell erfahrenen Umwelteinflüssen mehr Gewicht zufällt. Diese Frage lässt sich auch nicht beantworten, denn es gibt keine Entwicklung ohne Erbanlagen und Erbanlagen brauchen für ihre Entwicklung eine geeignete Umwelt. Es besteht also eine **Wechselwirkung**.

! **BEACHTE**

Ein Mensch mit geringeren Anlagen kann durchaus mehr leisten, als ein Mensch, dessen größere Anlagen aufgrund einer ungünstigen Umwelt nicht vollkommen entwickelt sind.

⇒ Eine positive Lernumwelt fördert Anlagen

⇒ Eine negative Lernumwelt lässt die ererbten Grundlagen verkümmern

Der Mensch ist zu verstehen als ...

Individualwesen => eigene Wünsche	**Sozialwesen** => miteinander

Der Mensch lebt von Geburt an in sozialen Gruppen. Hier wird sein Individualwesen und sein Sozialwesen entwickelt.

ENTWICKLUNGSFÖRDERNDE UND –HEMMENDE UMWELTEINFLÜSSE

Entscheidend für die Entwicklung eines Menschen sind günstige oder ungünstige Umweltbedingungen in der Primärgruppe Familie, aber auch in den Sekundärgruppen.

Welche entwicklungsfördernde und entwicklungshemmende Faktoren sind zu berücksichtigen?

?

Entwicklungsfördernde Faktoren

- Emotionale Wärme, Liebe, Anerkennung, Zusammenhalt und Vertrauensbasis in der Familie
- Respekt, Achtung und Wertschätzung anderer
- Erfolgserlebnisse in Freizeit, Schule und Beruf
- Positive Kontakte zu Gleichaltrigen
- Positive Freizeitangebote
- Allseitige Förderung, Hilfestellungen und Ermutigungen in der Familie, Schule, Freizeit und im Betrieb
- Soziales Netz
- Aneignung von positiven Verhaltensnormen (= soziales Lernen)
- Intelligenz, Begabung und Wissen

Entwicklungshemmende Faktoren

- Emotionale Kälte in der Familie
- Missachtung, Mangel an Anerkennung in Familie, Freizeit, Schule und Beruf
- Chaos
- Mangelnde Förderung
- Erkrankungen, Störungen oder Behinderungen
- Todesfälle in der Familie
- Unterforderung oder Überforderung
- Häufige Misserfolge in Familie, Freizeit, Schule und Beruf
- Bindungsunfähigkeit
- Fehlende soziale Netze
- Fehlende Kommunikationsfähigkeit
- Negatives Selbstbild

? Welche Einflussmöglichkeiten hat der Industriemeister, um auf Einstellung und Verhalten der Mitarbeiter einzuwirken?

Der Industriemeister kann die Einstellung und das Verhalten seiner Mitarbeiter beeinflussen, indem er ...

⇒ die Mitarbeiter in ihrem Selbstwertgefühl stärkt, z.B. durch Respekt und Wertschätzung seiner Mitarbeiter, Ermöglichung beruflicher Erfolgserlebnisse etc.

⇒ die Anlagen seiner Mitarbeiter kennt und diese individuell fördert

⇒ die Kompetenzen seiner Mitarbeiter weiterentwickelt

⇒ lebenslanges Lernen ermöglicht und fördert

⇒ ein positives Arbeitsklima bietet, in dem sich der einzelne Mitarbeiter wohlfühlt

⇒ angemessen und respektvoll mit den Mitarbeitern umgeht

ENTWICKLUNGSSTUFEN

Sozialisation findet laut Entwicklungspsychologie in verschiedenen aufeinanderfolgenden Entwicklungsstufen statt, die im Wesentlichen für alle Menschen ähnlich verlaufen:
Primärsozialisation => Sekundärsozialisation => Tertiärsozialisation

Primäre Sozialisation	Die primäre Sozialisation findet in den ersten Lebensjahren im Elternhaus statt. Während der primären Sozialisation lernt der Mensch **Werte, Normen und Verhaltensweisen**.
Sekundäre Sozialisation	Die sekundäre Sozialisation erfolgt im Kindergarten, in der Schule und durch Freunde sowie Gleichaltrige. In dieser Phase entwickelt sich die Persönlichkeit.
Tertiäre Sozialisation	Die tertiäre Sozialisation erfolgt im Erwachsenenalter und findet vor allem am Arbeitsplatz statt, aber auch durch Freunde oder eigene Familie.

? Wie verlaufen die Entwicklungsstufen bis zum Erwachsenenalter?

	Alter	Entwicklungsstufe
1. Stadium	bis ca. 1. Lebensjahr	Säuglingsalter
2. Stadium	bis ca. 2.-3. Lebensjahr	Kleinkindalter

3. Stadium	bis ca. 4.-5. Lebensjahr	Spielalter
4. Stadium	bis ca. 6.-11./12. Lebensjahr	Schulalter
5. Stadium	bis ca. 11./12.–15./16. Lebensjahr	Adoleszenz
6. Stadium	bis ca. 18-21 Jahre	frühes Erwachsenenalter
7. Stadium		Erwachsenenalter
8. Stadium		reifes Erwachsenenalter

In welchem Alter ist man nach deutschem Recht Kind, Jugendlicher, Erwachsener und Heranwachsender?

?

Definition Kind	• Kind ist, **wer noch nicht 14 Jahre alt ist**, nach § 1 Abs.1 Nr.1 Jugendschutzgesetz JuSchG • Beachte: Nur im Jugendarbeitsschutzgesetz JArbSchG ist die Grenze anders und zwar ist danach ein Kind, wer noch nicht 15 Jahre alt ist, § 2 Abs.1 JArbSchG
Definition Jugendlicher	• Jugendlicher ist, **wer 14, aber noch nicht 18 Jahre alt ist**, nach § 1 Abs.1 Nr.2 Jugendschutzgesetz • Beachte: Im Jugendarbeitsschutzgesetz ist die Grenze jedoch erst bei 15 Jahren gezogen, § 2 Abs.2 JArbSchG
Definition Erwachsener	• Erwachsener ist man mit **Vollendung des 18. Lebensjahres**, also mit dem 18. Geburtstag • Mit dem Eintreten ins Erwachsenenalter erlangt man die volle Geschäftsfähigkeit und damit bestehen Rechte wie Bestimmung über den eigenen Aufenthaltsort, Autofahren, Wahlrecht oder Heiratsrecht
Definition Heranwachsender	• Heranwachsender ist nach dem Jugendgerichtsgesetz JGG jede Person, **die das 18. Lebensjahr, aber noch nicht das 21. Lebensjahr vollendet hat**. • Beachte: Heranwachsende gibt es nur im Strafrecht. Dort wird bis zur Vollendung des 21. Lebensjahres geprüft, ob der Straftäter gemäß seiner Entwicklung noch einem Jugendlichen gleichzusetzen ist, also Jugendstrafrecht zur Anwendung kommen muss, oder ob er bereits die Reife eines Erwachsenen besitzt, also Erwachsenenstrafrecht zur Anwendung kommen muss.

Was geschieht in der Phase der Pubertät, der Phase der Heranwachsenden und in der Phase des Erwachsenenalters?

?

Merkmale	Phase Pubertät ca. 13 - 18 Jahre	Phase Heranwachsender ca. 18 - 21 Jahre	Phase Erwachsener ca. 21 - 40 / 50 Jahre
Wertorientierung	Dinge werden in Frage gestellt	Eigene Maßstäbe und Leitmotive	Eigene Maßstäbe, Gewohnheiten, Erfahrungen
Sozialverhalten	Ablösung von den Eltern; Suche nach neuen Gruppen; Geltungsbedürfnis; Suche nach Anerkennung	Suche nach Freundschaft, Liebe, sozialen Kontakten; Eigenes Rollenverhalten	Streben nach stabilen Bindungen, Karriere, Arbeitsleben, Familie

Körperliche Entwicklung	Längenwachstum, Geschlechtsreife, allmähliche Proportionierung des Körpers	Abschließende Entwicklung der Innenorgane	Bis zum 30. Lebensjahr erfolgt eine natürliche Entwicklung der Muskelkraft - danach Abnahme, Nachlassen der Sinnesorgane
Emotionaler Bereich	Schwankende Gefühlswelt, instabile Emotionen, starker Erlebnisdrang	Wachsende Selbstsicherheit, zunehmende Stabilität	Im Allgemeinen emotional stabil und ausgewogen
Gedächtnis	Noch schwankend in Sicherheit und Ausdauer Zunehmende Gedächtnisleistung	Abschluss der Funktionssicherheit	Lerntempo, Merkfähigkeit und Ultrakurzgedächtnis lassen nach. Aber, Rückgriff auf Langzeitgedächtnis, Routine und Erfahrung sind später zum Ausgleich möglich

LERNEN

? Was versteht man unter Lernen?

DEFINITION LERNEN

Unter Lernen versteht man das (absichtliche oder beiläufige) Aneignen von Wissen, geistigen, körperlichen und sozialen Kenntnissen, Fähigkeiten und Fertigkeiten.

Aus lernpsychologischer Sicht wird Lernen als ein Prozess der Veränderung des Verhaltens, Denkens oder Fühlens aufgrund von Erfahrung, neu gewonnener Einsicht oder Verständnis aufgefasst.

Alle Fähigkeiten, Kenntnisse, Verhaltensweisen und Einstellungen werden gelernt. Lernen ist daher eine Grundform und Grundvoraussetzung menschlichen Verhaltens, um sich den Gegebenheiten des Lebens und der Umwelt anpassen zu können und um darin sinnvoll zu agieren.

DEFINITION SOZIALES LERNEN

Soziales Lernen bedeutet, dass ein Mensch sich Verhaltensweisen aneignet, die er für das Leben benötigt.
Bsp.: Kommunikationsfähigkeit

Welche verschiedenen Arten des Lernens gibt es?

Lernen durch Nachahmung	Nachmachen beobachteter Handlungen bzw. Lernen durch V[illegible] der. Der Lernende eifert dem Vorbild bewusst nach bzw. ahmt unbewusst Vorbildern in ihrem Kleidungsstil, ihren Meinungen, ihrem Arbeitsverhalten etc. nach. Als Vorbild dient z.B. der Industriemeister
Lernen durch Verstärkung	Lernen und Verlernen von Verhaltensweisen durch Belohnung wie Anerkennung, Wertschätzung, Lob, Prämie etc. Idee: Ein angenehmer Reiz, wie eine Belohnung, ist ein positiver Verstärker d.h. er verstärkt eine erwünschte Verhaltensweise, so dass der Lernende dieses positive Verhalten zukünftig häufiger zeigen wird.
Lernen durch Einsicht	Lernen durch Anknüpfen an gespeicherte Erkenntnisse und Erfahrungen (Aha-Effekt), so dass dies zu neuen Erkenntnissen von Handlungsursachen und –zusammenhängen führt.
Lernen durch Übung	Durch stetige Wiederholung festigen sich Abläufe, so dass diese jederzeit und automatisch in einer entsprechenden Situation abrufbar sind.
Reiz-Reaktions-Lernen	Beim Reiz-Reaktions-Lernen (= Klassische Konditionierung) soll ein Reiz eine bestimmte Reaktion auslösen. Bsp.: Ein akustisches Signal wie eine laute Sirene löst die Reaktion „Verlassen des Gebäudes" aus
Lernen durch Versuch -Irrtum und Erfolg	Lernen durch Ausprobieren von verschiedenen Lösungsmöglichkeiten: Der Lernende soll sich aktiv mit dem Lerngegenstand auseinandersetzen und die Aufgabe selbständig durch Ausprobieren erfüllen.

1.3 Psychologische und soziologische Aspekte bestimmter Personengruppen

JUGENDLICHE MITARBEITER

DEFINITION JUGENDLICHER

Jugendlicher nach dem Jugendschutzgesetz JGG ist, wer das 14. Lebensjahr vollendet aber noch nicht 18 Jahre alt ist.

Meist handelt es sich bei dieser Altersgruppe um Auszubildende, Ferienjobber oder Praktikanten.

Welche Besonderheiten sind beim Umgang mit jugendlichen Mitarbeitern zu beachten? ?

- Grundsätzlich sind das **Jugendarbeitsschutzgesetz** und die wesentlichen Bestimmungen des Berufsbildungsgesetzes zu beachten
  Bsp.: Arbeits- und Pausenzeiten, Verpflichtung zur Erst-/Nachuntersuchung

- Bei der Entwicklung vom Kind zum Erwachsenen findet beim Menschen ein **entscheidender und einschneidender Lern-und Reifungsprozess**, sowohl körperlich-moralischer, als auch geistig-intellektueller Art statt.

  Mögliche alterstypische Probleme von Jugendlichen sind daher:
  - Stimmungsschwankungen, Motivationsprobleme
  - Sie befinden sich in einem Selbstfindungsprozess
  - Evtl. faul, respektlos, kritisch, leisten Widerstand gegen Anweisungen, Autoritätsprobleme
  - Sie haben einen großen Bedarf und ein hohes Bedürfnis nach Anerkennung und Rücksichtnahme
  - Hohe Risikobereitschaft

- In dieser schwierigen Phase müssen die Jugendlichen nun wichtige Entscheidungen für ihren weiteren Lebensweg treffen, wie die Wahl des Schulabschlusses und des Berufes.
  Problematisch hierbei ist, dass es immer mehr Jugendliche gibt, die unzureichende Voraussetzungen für eine erfolgreiche Berufsausbildung mitbringen. Gründe hierfür sind z.B. schlechte familiäre Voraussetzungen, Sprachprobleme, mangelnde Schulkenntnisse u.v.m.

? **Wie kann der Industriemeister positiv auf jugendliche Mitarbeiter einwirken?**

Der Industriemeister kann positiv auf die jugendlichen Mitarbeiter einwirken, indem er ...

- Vorbild für die Jugendlichen ist
- Vertrauen schafft
- entwicklungsbedingte Probleme versteht und mit Protestverhalten sachlich umgeht, u.a. Grenzen aufzeigt
- eine positive Grundeinstellung gegenüber jungen Menschen hat, also keine negativen Klischeevorstellungen von der Jugend oder Pauschalurteile hat
- die Jugendlichen motiviert z.B. durch Förderung von selbständigem Handeln und Übertragung von Verantwortung
- den Sinn der Arbeit aufzeigt z.B. durch konstruktive Gespräche über die Arbeit und das Verhalten des Jugendlichen sowie über die Zukunftsaussichten des Jugendlichen im Betrieb
- die Jugendlichen vor Überforderung aber auch vor Unterforderung schützt
- Möglichkeiten ausbildungsbegleitender Hilfen nützt

MITARBEITERINNEN

Die BRD forciert seit Jahren - vorrangig aus wirtschaftlichen Gründen - die Vereinbarkeit von Beruf und Familie für Frauen. Die Zahl der erwerbstätigen Frauen beträgt ungefähr 40%. Durch ausscheidende Mitarbeiter und sinkende Geburtenquote wird man in Zukunft nicht mehr auf Mitarbeiterinnen verzichten können.

! **BEACHTE**

- AGG:
  Das AGG verbietet jegliche Art der Benachteiligung, allerdings gibt es immer noch Unterschiede bei der Behandlung und Bezahlung von Mitarbeiterinnen
- Das Mutterschutzgesetz (MuSchG) bei Schwangeren
- Sanitäre Anlagen müssen doppelt vorhanden sein

Welche Besonderheiten sind beim Umgang mit Mitarbeiterinnen zu beachten?

?

Mögliche Vorteile von Mitarbeiterinnen	Mögliche Nachteile von Mitarbeiterinnen
• Sehr gute Feinmotorik • Sehr gute sprachliche Fähigkeiten • Hohe Kommunikationsfähigkeit • Hohes Einfühlungsvermögen • Multitaskingfähigkeit/ Mehrfachbelastungen gewöhnt	• Geringere Körperkraft • Ausfallzeiten wegen Schwangerschaft und bei Krankheit der Kinder • Durchschnittlich nicht so ausgeprägte mathematische, räumliche und physikalische Begabungen

Wie kann man positiv auf Mitarbeiterinnen einwirken?

?

- Rollenklischees und Vorurteile gegenüber Mitarbeiterinnen sind abzubauen
- Geeignete Arbeitszeiten wie Gleitzeit, flexible Arbeitszeit etc. sind einzuführen
- Evtl. ist an Kinderbetreuung zu denken
- Geeignete Qualifizierungsmaßnahmen sind anzubieten
- Aufstiegsmöglichkeiten und Zugang zu höheren Positionen sind zu erleichtern

ÄLTERE MITARBEITER

DEFINITION ÄLTERE MITARBEITER

In der Literatur gibt es keine einheitliche Definition wer „älterer Mitarbeiter" ist. Die unterschiedlichen Altersangaben hängen vielfach von der jeweiligen Art der Berufstätigkeit und der Lebensbiografie ab.

Die Bundesanstalt für Arbeit zählt, bezogen auf Angaben zum Arbeitsmarkt und zur Arbeitslosigkeit, Arbeitnehmer vom 50. Lebensjahr an zu den älteren Mitarbeitern, da ab diesem Alter die Schwierigkeiten auf dem ersten Arbeitsmarkt vermittelt zu werden, steigt.

In Deutschland sind (laut Bericht der Statistischen Ämter des Bundes und der Länder 2011) zwei zentrale **demografische Entwicklungen** zu beobachten, und zwar

⇒ eine höhere Lebenserwartung der Bevölkerung

⇒ bei gleichzeitig sinkender Geburtenrate.

Diese demographische Entwicklung hat Auswirkungen auf die Betriebe. Es ergibt sich in den Unternehmen in den nächsten Jahren die Notwendigkeit, sich verstärkt mit älteren Mitarbeitern auseinanderzusetzen, da das Durchschnittsalter der Belegschaft steigen wird, denn ...

⇒ die Deckung des Arbeitskräftebedarfs mit jüngeren Arbeitskräften wird schwieriger und

⇒ die älteren Mitarbeiter werden länger im Betrieb verbleiben, da weniger junge Leute zur Verfügung stehen und das reguläre Renteneintrittsalter aus diesem Grund ansteigen wird

Das Problem besteht nun darin, dass den Unternehmen das Bewusstsein für die demografische Entwicklung oftmals fehlt und die weitverbreitete Personalpolitik nicht zu den Herausforderungen des demografischen Wandels passt.
Zum Beispiel beschäftigen in Deutschland fast 50% der Betriebe keine Mitarbeiter über 50 Jahre.

? Welche Besonderheiten (Vorteile und Nachteile) können beim Umgang mit älteren Mitarbeitern bestehen?

Mögliche Vorteile von älteren Mitarbeitern	Mögliche Nachteile von älteren Mitarbeitern
Ältere Mitarbeiter ... • haben hohe Berufserfahrung und berufliche Routine • kennen betriebliche Zusammenhänge • haben eine hohe Lebenserfahrung • sind selbständiges Arbeiten gewöhnt • sind verantwortungsbewusst • sind geübt und treffsicher • sind ruhig, sachlich und überlegt • sind sozial gefestigt • haben menschliche und innere Reife • sind führungserfahren • haben eine gute Urteilsfähigkeit • können Situationen realistisch einschätzen • haben eine hohe Zuverlässigkeit und Genauigkeit • sind ausgeglichen • haben einen großer Wissensumfang • sind widerstandsfähig • identifizieren sich sehr mit dem Unternehmen und stehen dem Unternehmen loyal gegenüber	Mit steigendem Alter kann sich der Mensch folgendermaßen verändern: • Verringerung der geistigen Flexibilität • Verringerung der Lernfähigkeit, langsameres Lernen • Nachlassen der Wahrnehmungsgeschwindigkeit • Verschlechterung des Kurzzeitgedächtnisses • Sinnesorgane (Sehen, hören etc.) werden schwächer • Verringerung der körperlichen Widerstandsfähigkeit bzw. der Muskelkraft (durch körperlichen Verschleiß) • Vergesslichkeit nimmt zu • Nachlassen der Reaktionsfähigkeit • Höhere Anfälligkeit für Krankheiten • Ablehnung von oder Angst vor Veränderungen und Neuerungen; Vorurteile gegenüber neuen Medien • Veraltetes Wissen aufgrund mangelnder oder fehlender Weiterbildung • Verringerung der Anpassungsbereitschaft und -fähigkeit

BEACHTE

Weder die negativen noch die positiven altersbezogenen Eigenschaften können älteren Mitarbeitern in ihrer Gesamtheit als allgemeingültig zugeschrieben werden. Jeder ältere Mitarbeiter ist individuell und differenziert zu betrachten.

!

Wie kann der Betrieb ältere Mitarbeiter im Berufsleben unterstützen?

?

Der Betrieb, die Führungskraft oder der Personaler kann ältere Mitarbeiter im Berufsleben folgendermaßen unterstützen:

- Auf die Bedürfnisse Älterer ausgerichtete ergonomische Einrichtung des Arbeitsplatzes und der Arbeitsumgebung (wie Sitzgelegenheiten, Beleuchtung, Werkzeugkonstruktionen, größere Schrift am Bildschirm etc.)
- Bei Neuerungen frühzeitig ältere Mitarbeiter informieren
- Vermeidung von Konkurrenzsituationen mit Jüngeren
- Respektvoller Umgang mit Älteren und keine Abwertung des Ansehens zulassen
- Erfahrungen und Kenntnisse der älteren Mitarbeiter nützen z.B. in sog. intergenerativen Teams (= zwischen Menschen verschiedener Altersgruppen/Generationen)
- Durch kontinuierliche Weiterbildung und lebenslanges Lernen verhindern, dass ältere Mitarbeiter lernungewohnt sind
- Altersgerechte Seminare, d.h. die Lernbedingungen auf die Lernbedürfnisse der älteren Mitarbeiter abstimmen
- Evtl. Verringerung der Arbeitsschwierigkeiten
- Vermeidung von Schichtarbeit und Überstunden
- Selbstwertgefühl fördern
- Möglichkeiten für individuelle Arbeitszeiten bieten

MITARBEITER MIT MIGRATIONSHINTERGRUND/ AUSLÄNDISCHE MITARBEITER

DEFINITION MITARBEITER MIT MIGRATIONSHINTERGRUND

Nach Definition des Statistischen Bundesamtes sind Menschen mit Migrationshintergrund alle nach 1949 auf das heutige Gebiet der BRD Zugewanderten, sowie alle in Deutschland geborenen Ausländer und Ausländerinnen sowie alle in Deutschland als Deutsche Geborenen mit zumindest einem nach 1949 zugewanderten oder als Ausländer in Deutschland geborenen Elternteil.
Ob die Person oder ihre Eltern die deutsche Staatsangehörigkeit besitzen, spielt keine Rolle.

Zunächst einmal ist zu beachten, dass der Migrationshintergrund einer Person alleine weder einen Förderbedarf noch eine Besonderheit begründen muss. Auch arbeiten in vielen Unternehmen deutsche Mitarbeiter und Mitarbeiter mit Migrationshintergrund reibungslos zusammen.
Allerdings kommt es auch immer wieder - nicht zuletzt wegen Unkenntnis und Missverständnissen auf beiden Seiten - zu Konflikten am Arbeitsplatz. Für Führungskräfte bedeuten diese Situationen immer wieder Herausforderungen.

? Welche möglichen Probleme können Mitarbeiter mit Migrationshintergrund im Arbeitsleben haben?

Mögliche Probleme von Mitarbeitern mit Migrationshintergrund können bestehen durch...

- Sprachschwierigkeiten/Verständnisprobleme
- unterschiedliche Wertvorstellungen
- andere Kulturen
- andere Mentalität
- unterschiedliche Lebensgewohnheiten
- unterschiedliche Essgewohnheiten
- unterschiedliche religiöse Lebensweisen

? Wie kann man als Führungskraft Mitarbeiter mit Migrationshintergrund im Berufsleben unterstützen?

Mit folgenden Faktoren kann man als Führungskraft Mitarbeiter mit Migrationshintergrund im Berufsleben unterstützen:

- Für gegenseitigen Respekt, Rücksichtnahme, Toleranz und Verständnis bei allen Mitarbeitern sorgen und ein positives Arbeitsklima unterstützen z.B. durch gegenseitiges besseres Kennenlernen; durch betriebsinterne Aktivitäten wie Sport; bewusst machen, dass ausländische Mitarbeiter abweichende Wertvorstellungen, religiöse Eigenheiten und Lebensgewohnheiten besitzen; den ausländischen Mitarbeitern vorurteilsfrei begegnen

- Berücksichtigung der Vorgaben aus dem **AGG** (Gleichbehandlung) d.h.
  - ⇒ Deutsche und Mitarbeiter mit Migrationshintergrund gleich behandeln und entsprechend ihren Stärken und Qualifikationen einsetzen sowie fördern
  - ⇒ beleidigende Äußerungen über Religion, Herkunft etc. dürfen nicht zugelassen werden
  - ⇒ Ausgrenzungsversuche von Mitarbeitern müssen durch die Führungskraft früh unterbunden werden
  - ⇒ bei erkennbar fremdenfeindlichen Auseinandersetzungen sofort reagieren

- Bei der Zusammensetzung von Gruppen auf Heterogenität achten, aber: verfeindete Nationen beachten
- Bei Sprachproblemen bzw. bei wesentlichen Punkten evtl. Dolmetscher hinzuziehen
- Betriebliche Sprachkurse oder Förderung von Privatinitiativen zum Erlernen der notwendigen Sprachkenntnisse
- Landsmann als Paten bestellen
- Betriebsrat einbeziehen
- Übersetzung wichtiger betriebstechnischer Informationen sowie der Unfallverhütungsvorschriften bzw. Vermittlung der Informationen durch einen Dolmetscher
- Betriebsinterne Aktivitäten ermöglichen, damit sich die Mitarbeiter unterschiedlicher Nationen besser kennenlernen

SCHWERBEHINDERTE MITARBEITER

Nach Angaben des Statistischen Bundesamts lebten zum Jahresende 2009 in Deutschland 3,1 Millionen schwerbehinderte Menschen (knapp 6%) im erwerbsfähigen Alter von 15 bis unter 65 Jahre.

Im Jahresdurchschnitt 2009 waren in Deutschland 908.000 Pflichtarbeitsplätze bei 137.000 Arbeitgebern gemeldet.

DEFINITION SCHWERBEHINTE MENSCHEN NACH SGB IX

Nach § 2 Abs.1 SGB IX sind Menschen behindert, wenn ihre körperliche Funktion, geistige Fähigkeit oder seelische Gesundheit mit hoher Wahrscheinlichkeit länger als 6 Monate von dem für das Lebensalter typischen Zustand abweichen und daher ihre Teilhabe am Leben in der Gesellschaft beeinträchtigt.

Menschen sind schwerbehindert, wenn bei Ihnen ein Grad der Behinderung von wenigstens **50%** vorliegt.

BEACHTE

Personen mit weniger als 50%, aber **mindestens 30%** können auf Antrag Schwerbehinderten gleichgestellt werden (§ 2 Abs.3 SGB IX), wenn sie infolge ihrer Behinderung ohne die Gleichstellung einen geeigneten Arbeitsplatz nicht erlangen oder nicht behalten können (§ 68 SGB IX). Die „Gleichgestellten“ haben im Wesentlichen die gleichen Rechte wie die schwerbehinderten Menschen.

!

? Welche Pflichten haben Arbeitgeber in Bezug auf Schwerbehinderte im Unternehmen?

⇒ Die Arbeitgeber muss nach § 81 Abs.1 SGB IX prüfen, ob freie Arbeitsplätze mit Schwerbehinderten - insbesondere mit arbeitslosen und arbeitssuchenden Schwerbehinderten - besetzt werden können (**Prüfungspflicht**).

⇒ Betriebe mit mehr als 20 Mitarbeitern müssen wenigstens **5%** der Arbeitsplätze mit schwerbehinderten Menschen besetzen. Wer keine oder zu wenige schwerbehinderte Menschen beschäftigt, zahlt eine monatliche **Ausgleichsabgabe**, §§ 71, 77 Abs.2 SGB IX.

⇒ Bei Schwierigkeiten, die zu einer Gefährdung des Arbeitsverhältnisses bei schwerbehinderten Beschäftigten führen können, muss der Arbeitgeber frühzeitig die Schwerbehindertenvertretung und das Integrationsamt einschalten, § 84 Abs.1 SGB IX.

⇒ Nach § 81 Abs.2 S.1 SGB IX dürfen Arbeitgeber schwerbehinderte Beschäftigte nicht wegen ihrer Behinderung benachteiligen. Eine diskriminierende Benachteiligung liegt vor, wenn die Behinderung zumindest auch ein Beweggrund für die Benachteiligung ist.

⇒ Schwerbehinderte Menschen sind nach § 81 Abs.4 SGB IX so zu beschäftigen, dass sie ihre Fähigkeiten und Kenntnisse möglichst voll verwerten und weiterentwickeln können.

⇒ Das AGG verbietet jede Ungleichbehandlung wegen einer Behinderung nach § 7 in Verbindung mit § 1 AGG

! **BEACHTE**

Schwerbehinderte haben **Nachteilsausgleiche** wie

- einen **besonderen Kündigungsschutz** nach § 85 SGB IX
- **Zusatzurlaub** von bis zu 5 Arbeitstagen nach § 125 SGB IX
  (Aber, der einem Schwerbehinderten Gleichgestellte erhält keinen Zusatzurlaub nach § 68 Abs.3 SGB IX)
- Freistellung von Mehrarbeit auf Verlangen des Schwerbehinderten nach § 124 SGB IX
  (Unter Mehrarbeit versteht man nach § 3 ArbZG eine Arbeitszeit von mehr als 8 Stunden täglich)
- Anspruch auf begleitende Hilfen im Arbeits- und Berufsleben durch das Integrationsamt nach § 102 SGB IX

Wie kann der Betrieb die Integration schwerbehinderter Menschen im Berufsleben unterstützen?

?

Der Betrieb kann die Integration schwerbehinderter Menschen unterstützen durch ...

- ⇒ behindertengerechte Anpassung des Arbeitsplatzes und der Arbeitsumgebung
- ⇒ barrierefreie Zugänge
- ⇒ Gleichbehandlung bei Aufstieg und Weiterbildung
- ⇒ Qualifizierung schwerbehinderter Menschen
- ⇒ vertrauensvolle Zusammenarbeit mit der Schwerbehindertenvertretung und dem Integrationsamt
- ⇒ gegenseitigen Respekt, Rücksichtnahme, Toleranz und Verständnis
- ⇒ Schulung der Führungskräfte im diskriminierungsfreien Umgang mit schwerbehinderten Menschen

Teil 2

Beurteilen und Berücksichtigen des Einflusses von Arbeitsorganisation und Arbeitsplatz auf das Sozialverhalten und das Betriebsklima sowie Ergreifen von Maßnahmen zur Verbesserung

2.1 Unternehmensphilosophie und Unternehmenskultur

DEFINITION UNTERNEHMENSPHILOSOPHIE

Die Unternehmensphilosophie beschreibt das Selbstverständnis und die übergeordneten Grundprinzipien des Unternehmens. Sie erklärt, wofür das Unternehmen steht, seine Denk- und Entscheidungsmuster.

DEFINITION UNTERNEHMENSKULTUR

Die Unternehmenskultur ist das Wertesystem (die Grundüberzeugungen, Werte, Normen und Einstellungen) des Unternehmens, welche die Verhaltensweise der Mitarbeiter und somit das Erscheinungsbild einer Unternehmung prägen.
Es sollten sich alle Entscheidungen und Handlungen der im Unternehmen tätigen Menschen an dem Wertesystem als Sinngebung orientieren.

Beispiele:

Glaubwürdigkeit, Respekt, Fairness, Kundenorientierung, Qualitätsorientierung, Leistungsorientierung, Mitarbeiterorientierung, Art und Weise des Umgangs miteinander, offene Kommunikation, Termintreue, Zuverlässigkeit, Service

Funktionen der Unternehmenskultur:

⇒ Unterscheidungsmerkmal zu anderen Unternehmen
⇒ Steuert die Einstellungen und Verhaltensweisen der Mitarbeiter
⇒ Erhöht das Identitätsgefühl der Mitarbeiter

Die Unternehmenskultur ist die Basis für die Entwicklung einer Corporate Identity. Die **Corporate Identity** (CI) bezeichnet die Identität eines Unternehmens, also die Summe der von anderen Unternehmen unterscheidenden Merkmale/ Charakteristika.

! **BEACHTE**

Häufig erlebt man Abweichungen zwischen der vorgegebenen Unternehmenskultur und dem gelebten Verhalten der Führungskräfte und Mitarbeiter vor Ort.

DEFINITION UNTERNEHMENSLEITBILD

Das Unternehmensleitbild ist eine schriftliche Erklärung eines Unternehmens. Mit seiner Hilfe werden Ziele über die angestrebte Positionierung des Unternehmens, z.B. in Fragen der Kunden-und Mitarbeiterbeziehung, festgelegt.

Ein gelungenes Leitbild übersetzt die Unternehmensphilosophie in eine verständliche und motivierende Zielsetzung.

Beispiele:

Standpunkte, Ziele, Führungsgrundsätze, Werte/Verhalten

Typische Fragen:
„Wie verstehen wir uns als Unternehmen?" „Welchen Zweck hat das Unternehmen?", „Was wollen wir erreichen?" Welche konkreten strategischen Ziele verfolgt das Unternehmen?" „Welchen Nutzen kann das Unternehmen seinen Kunden bieten?", „Welche Grundwerte prägen das Handeln des Unternehmens?"

Funktionen von Leitbildern:

⇒ Nach innen:
Leitbilder sollen die Organisation, also die Mitarbeiter, orientieren, sie sollen handlungsleitend und motivierend sein

⇒ Nach außen:
Leitbilder sollen für Öffentlichkeit und Kunden deutlich machen, wofür die Organisation steht

! **BEACHTE**

Unternehmensphilosophie und Unternehmenskultur müssen praktiziert und von den Führungskräften gelebt und vorgelebt werden.

Das Unternehmensleitbild stellt die Grundlage für die Unternehmensziele dar.

DEFINITION UNTERNEHMENSZIELE

Unternehmensziele sind die Basis der unternehmerischen Betätigung, sie beschreiben den zukünftigen erstrebenswerten bzw. angestrebten Zustand.

Unternehmensziele lassen sich in folgende Gruppen zuordnen:

⇒ monetäre Ziele (monetär = das Geld betreffend)
wie Umsatzziele, Gewinnziele, Rentabilitätsziele, Finanzielle Ziele, Liquidität u. a.

⇒ nicht-monetäre Ziele
wie Marktstellungsziele, Steigerung der Marktanteile, Imageziele, Prestigeziele u.a.

⇒ soziale Ziele
wie Mitarbeiterzufriedenheit, gutes Betriebsklima u.a.

⇒ ökologische Ziele
wie geringe Umweltbelastungen, Inanspruchnahme natürlicher Ressourcen u.a.

2.2 Wechselwirkungen zwischen industrieller Arbeit und Verhalten des Menschen

Die Industrialisierung hat - durch zunehmende Arbeitsteilung, Spezialisierung sowie Steigerung des Arbeitstempos mittels Automatisierung - den Charakter der Arbeit tiefgreifend verändert. **Die Folgen der Industrialisierung sind insbesondere sinnentfremdete Arbeit, fremdbestimmte Arbeit, Monotonie, Ermüdung und psychosomatische Erkrankungen**.

Seit den 1970er-Jahren hat sich die Forderung nach **Humanisierung der Arbeit d.h. einer menschengerechten Gestaltung der Arbeitsplätze**, entwickelt. Die Gestaltung der Arbeit soll, soweit wie möglich, an den Menschen angepasst werden.

ARBEITSLEISTUNG

Unter Leistung versteht man allgemein das Ergebnis von Arbeit (von Menschen, von Betrieben und Teilen eines Betriebes, von Maschinen, von Prozessen).

Die Leistung kann je nach Anwendungsbereich sehr unterschiedlich gemessen werden.
Bsp. In Wirtschaft und Verwaltung vor allem nach Menge und/oder Qualität und/oder (monetärem) Wert und/oder Wirkung, im übertragenen Sinne auch als nicht-monetärer (menschlicher, künstlerischer usw.) Wert.

Der Industriemeister muss wissen, wie sich die menschliche Leistung zusammensetzt, damit er diese positiv beeinflussen kann.

? Welche Faktoren bestimmen das Ergebnis menschlicher Arbeit?

Die menschliche Leistung setzt sich zusammen aus
- der Leistungsfähigkeit,
- der Leistungsbereitschaft und
- der Leistungsmöglichkeit

1. Kennen und Können = Leistungsfähigkeit	2. Wollen = Leistungsbereitschaft	3. Dürfen = Leistungsmöglichkeit
Individuelles Arbeitsvermögen des Mitarbeiters	Bereitschaft des Mitarbeiters Leistung erbringen zu wollen (contra innerer Kündigung)	Möglichkeit der Mitarbeiter handeln zu dürfen - durch Befugnisse und Rechte für ein bestimmtes Handeln
• **Fähigkeit** der MA • **Eignung** der MA • Persönlichkeitsbezogene Arbeitsanforderungen an die Mitarbeiter (z.B. Belastbarkeit, Stressstabilität)	Körperliche und psychologische **Bereitschaft zum Arbeiten** z.B. eigene Motivation/Antrieb; Wille/innere Disziplin)	Arbeitsbedingungen und Arbeitsumfeld z.B. Entscheidungs-, Anordnungs-, Kontroll-, Beratungs- und Informationsbefugnisse

↓ ↓ ↓

Arbeitsleistung

! **BEACHTE**

Eine sichere, gesunde und funktionale Arbeitsumwelt ist Voraussetzung dafür, dass der Mensch sich an seinem Arbeitsplatz wohl fühlt und eine gute Arbeitsleistung erbringen kann.

ASPEKTE ERGONOMISCHER ARBEITSPLATZGESTALTUNG

Der tägliche Ort der Arbeit sollte ergonomisch gestaltet sein.

Bei der ergonomischen Arbeitsplatzgestaltung geht es darum, die Belastung des arbeitenden Menschen, auch bei langfristiger Ausübung der Tätigkeit, so gering wie möglich zu halten.

DEFINITION ERGONOMIE

Ergonomie (griechisch) ist die Lehre von den optimalen Arbeitsbedingungen.

DEFINITION ARBEITSPLATZ

Der Arbeitsplatz ist der räumliche Bereich im Arbeitssystem, in dem die Arbeitsaufgabe erfüllt wird.

Die ergonomische Arbeitsplatzgestaltung geschieht durch die **Optimierung des Arbeitsplatzes, der Arbeitsmittel und der Arbeitsumgebung** unter Einsatz technischer, medizinischer, psychologischer sowie sozialer und ökologischer Erkenntnisse, wodurch bessere Bedingungen für den Arbeitenden geschaffen werden.

Im Vordergrund steht die Verbesserung der Mensch-Maschine-Schnittstelle.
Es sollen optimale Bedingungen für das Zusammenwirken von Mensch, Technik, Information und Organisation im Arbeitssystem geschaffen werden.

BEACHTE
Die Arbeitsumgebung muss an den Menschen angepasst werden und nicht der Mensch an die Umgebung.

Die ergonomische Arbeitsplatzgestaltung sorgt für ...

- menschengerechte Arbeit
- erhöhte Produktivität
- eine Steigerung von Motivation und Arbeitszufriedenheit der Mitarbeiter
- höhere Wirtschaftlichkeit, Leistungs- und Effizienzsteigerung
- ein Wohlfühlen am Arbeitsplatz, mehr Arbeitsfreude
- langfristige Senkung des Krankenstandes und der Fehlzeiten
- einen dynamischen und effizienten Arbeitsstil
- weniger Arbeitsbelastungen
- ermüdungsarmes Arbeiten
- ein verändertes Bewegungsverhalten

BEACHTE
Die Pflichten der Arbeitgeber in Bezug auf den Arbeitsplatz regelt die Arbeitsstättenverordnung ArbStättV. Diese wird konkretisiert durch die Arbeitsstättenrichtlinie und die berufsgenossenschaftlichen Vorschriften.

Der Industriemeister kann insbesondere durch Motivation die Leistungsbereitschaft des Mitarbeiters beeinflussen. Ein Mitarbeiter der sich an seinem Arbeitsplatz wohlfühlt, bringt eine höhere Leistung.

ARBEITSGESTALTUNG

DEFINITION ARBEITSGESTALTUNG

Unter Arbeitsgestaltung versteht man Maßnahmen zur Anpassung der Arbeit an den Menschen.

Die Arbeitsgestaltung umfasst die Gestaltung
- **des Arbeitsplatzes,**
- **der Arbeitsumgebung und**
- **der Arbeitsmittel**

Ziele der Arbeitsgestaltung:

⇒ Belastungen abzubauen
⇒ Auf Arbeitszufriedenheit und Leistung positiv einzuwirken
⇒ Ergonomie und Humanisierung der Arbeit zu gewährleisten

Hierbei sind die Zusammenhänge zwischen der Beschaffenheit des Arbeitsplatzes und des Umfeldes sowie der Leistungsmöglichkeit des Menschen zu beachten, mit dem Ziel die Gesundheit, die Motivation und die Zufriedenheit des Mitarbeiters zu erhalten.

! **BEACHTE**

Die menschengerechte Arbeitsgestaltung setzt die Berücksichtigung der gesicherten arbeitswissenschaftlichen Erkenntnisse voraus.

Welche Aspekte der Arbeitsgestaltung sind zu beachten?

?

Aspekte der Arbeitsgestaltung sind Arbeitsplatz, Arbeitsumgebung und Arbeitsmittel.

Gestaltung des Arbeitsplatzes	Gestaltung der Arbeitsumgebung	Gestaltung der Arbeitsmittel
Bei der Gestaltung des Arbeitsplatzes muss insbesondere berücksichtigt werden: • **Gestaltung der Arbeitszeit** mit unterschiedlichsten Arbeitszeitmodellen wie Gleitzeit, variable Arbeitszeit, Schichtsysteme, Zeitguthaben, Jobsharing • **Gestaltung des Lohns** z.B. nach ERA • **Anforderungen an die Arbeitsaufgabe** wie Vielseitigkeit, Jobenrichment, Jobenlargement, Jobrotation • **Anthropometrie** = Lehre von der Ermittlung und Anwendung der Körpermaße des Menschen d.h. der Arbeitsplatz soll räumlich und förmlich optimal an den arbeitenden Menschen angepasst werden • **Arbeitsphysiologie** = Berücksichtigung der Körperfunktionen bei der Arbeit wie • **Bewegungstechnik** wie Bewegungsvereinfachung, Bewegungsverdichtung, Teilmechanisierung und Automatisierung • **Sicherheitstechnik** wie technischen Maßnahmen, die der Unfallverhütung und der Vermeidung von Berufskrankheiten dienen	Bei der Gestaltung des Arbeitsumgebung soll die Entstehung und die Ausbreitung, sowie die negative Einwirkung auf den Mitarbeiter vermieden werden. Hierbei muss insbesondere berücksichtigt werden: • **Raumgestaltung** wie leicht zu reinigende Böden, rutschfester Bodenbelag, Wärmedämmung, Schutz vor direkter Sonneneinstrahlung • **Beleuchtung** wie gute Sehbedingungen, ausreichende Beleuchtung, optimal angepasste Beleuchtungsstärke, blendfrei • **Farbgestaltung** wie ansprechende und sinnvolle Farbgestaltung, freundliche helle Farben, Sicherheitsmarkierungen, Begrenzung der Anzahl der Farbtöne • **Raumklima und Luftqualität** wie das Beachten von Mindest- und Höchsttemperaturen, gute Lüftungsmöglichkeiten • **Lärmschutz** wie Durchführung von Lärmminderungsmaßnahmen wie lärmschluckende Wand- und Deckenverkleidungen, schallabsorbierende Trennwände • **Brandschutz** wie Einhaltung von Brandschutzbestimmungen • **Sicherheitskennzeichnung** wie Sicherheitsschilder	Bei der Gestaltung der Arbeitsmittel muss insbesondere berücksichtigt werden: • Ergonomische Gestaltung handgeführter Arbeitsmittel • Bei Computerarbeitsplätzen die richtige Positionierung des Bildschirms, des Stuhls, der Tastatur, der Maus etc. • Aufgabenangemessenheit der Arbeitsmittel • Zuverlässige und störungsfreie Arbeitsmittel

ANFORDERUNGEN DES ARBEITSPLATZES AN DEN MITARBEITER

Die Arbeitsanforderungen industrieller Arbeitsplätze sind durch die sie auslösenden Belastungen und die zur Erfüllung der Arbeitsaufgabe erforderlichen Fähigkeiten gekennzeichnet. Der Stelleninhaber wird durch die Anforderungen des Arbeitsplatzes beansprucht. Er muss zur Erfüllung der ihm gestellten Aufgaben über bestimmte Fähigkeiten, wie Ausbildung, Erfahrung und Eignung, verfügen.

Um zu ermitteln, welche Anforderungen die Arbeitsaufgaben an den Mitarbeiter stellen, muss der Arbeitsplatz bewertet werden.
Hierbei können Arbeitsplätze komplett verglichen werden (= summarisch) oder jeder Arbeitsplatz wird nach Anforderungskriterien zerlegt (= analytisch), wie Genfer Schema und REFA.

Nach dem **Genfer Schema** werden vier **Anforderungsarten** unterschieden:

- Können
- Belastung
- Verantwortung
- Arbeitsbedingungen

REFA erweitert das Genfer Schema und definiert folgende sechs Anforderungsarten:

- Kenntnisse (Ausbildung/Studium, Erfahrung)
- Geschicklichkeit (Handfertigkeit, Gewandtheit)
- Verantwortung (für die eigene Arbeit, die Arbeit anderer, die Sicherheit anderer, Arbeitsabläufe, Termintreue)
- Geistige Belastung (Aufmerksamkeit)
- Muskelbelastung (dynamisch, statisch, einseitig)
- Umgebungseinflüsse (wie Lärm, Temperatur, Beleuchtung, Gase, Schmutz, Erschütterungen, Unfallgefahr)

2.3 Gestaltung der Arbeitsorganisation und der Arbeitsbedingungen

Die zunehmende Zerlegung der Arbeitsaufgaben im Zuge der Rationalisierung industrieller Produktionsprozesse (Taylorismus) rief in der ersten Hälfte des 20. Jahrhunderts Kritik an der „seelenlosen" monotonen Fabrikarbeit hervor. Ab Mitte der 1960er Jahre drängte eine massive Gegenbewegungen auf Humanisierung und Demokratisierung in der Arbeitswelt.

KLASSISCHE UND NEUE FORMEN DER ARBEITSORGANISATION

Der Begriff „Arbeitsorganisation" wurde im Rahmen der Kritik am Taylorismus geprägt und wurde als Programm zur Überwindung stark arbeitsteiliger und hoch hierarchischer Arbeitsstrukturen aufgefasst. Die Arbeitsstrukturierung war von Anfang an auf eine **Verringerung von Arbeitsteilung in Organisationen** gerichtet.

DEFINITION ARBEITSORGANISATION

Unter Arbeitsorganisation/-strukturierung versteht man die organisatorische Gestaltung aller Elemente des Arbeitens nach Art, Umfang und Bedingungen. Sie umfasst **alle Maßnahmen zur Veränderung der Arbeitsorganisation** und ist damit Teil der Arbeitsgestaltung.

Überblick über die klassischen und neuen Formen der Arbeitsorganisation:

Traditionelle Formen der Arbeitsorganisation	• Jobenlargement, Jobenrichment, Jobrotation • Problemlösegruppen • Werkstattgruppen • Lernstattgruppen
Neuere Formen der Arbeitsorganisation	Immer schneller wachsende Märkte machten eine dynamische Form der Arbeitsorganisation notwendig, wie • Lean Production und Lean Management • Teilautonome Arbeitsgruppen (TAG) • Teamarbeit • Qualitätszirkel • Projektgruppen • Gruppensitzungen

JOBENRICHMENT, JOBENLARGEMENT, JOBROTATION

Job-enlargement	**= Arbeits- und Aufgabenerweiterung** **= horizontale Erweiterung** d.h. das Arbeitsfeld vergrößert sich durch Hinzufügen qualitativ **gleichwertiger** Aufgaben und Tätigkeiten, **so dass Aufgaben größeren Umfangs entstehen** **Ziele** des Jobenlargements: ⇒ Die starke Unterteilung eines Arbeitsprozesses soll aufgehoben werden => weniger einseitige physische Belastung ⇒ Den Mitarbeitern sollen möglichst abgeschlossene Aufgaben zugeteilt werden => weniger Monotonie, Steigerung der Arbeitszufriedenheit, evtl. mehr Abwechslung ⇒ Flexiblerer Einsatz des Mitarbeiters (aber: höhere Einarbeitungskosten und evtl. höhere Lohnkosten)
Job-enrichment	**= Arbeitsbereicherung,** Arbeits- und Aufgabenvertiefung d.h. durch **vertikale Ausweitung der Arbeitsinhalte** soll der **Entscheidungs-, Verantwortungs- und Kontrollspielraum** des einzelnen Mitarbeiters **erhöht** werden Bsp.: Hinzunahme von Kontroll-, Steuerungs- und Planungstätigkeiten; Vergrößerung der Selbständigkeit und der Verantwortung; Erhöhung der Anforderungen **Ziele** des Jobenrichment: ⇒ Ziele sind identisch mit Jobenlargement ⇒ Stärkere Identifikation mit dem Produkt ⇒ Erreichen einer höheren fachlichen und persönlichen Qualifikation

Job-rotation	**Arbeitsplatzringtausch/Arbeitsplatzwechsel** durch mehrere ähnlich qualifizierte Mitarbeiter, die in vorgegebenen Zeitintervallen ihre Arbeitsplätze tauschen ⇒ Systematisch gesteuerte Übernahme unterschiedlicher Aufgaben bei vollgültiger Wahrnehmung und Verantwortung einer Stelle **Ziele** der Jobrotation: ⇒ Steigerung der Mobilität und der Sozialkompetenz ⇒ Abbau eines engen Ressortdenkens ⇒ Verständnis von Zusammenhängen im Unternehmen wird gefördert ⇒ Verbesserung der Flexibilität und der Einsatzmöglichkeiten der Mitarbeiter ⇒ Lernen und Arbeiten gehen Hand in Hand ⇒ Weniger einseitige physische Belastung ⇒ Mehr Abwechslung, weniger Monotonie, Steigerung der Arbeitszufriedenheit

PROBLEMLÖSEGRUPPEN, WERKSTATTGRUPPEN, LERNSTATTGRUPPEN

Problemlöse-gruppen	Problemlösegruppen sind aufgabenorientiert und sollen der unterschiedlichsten Problembewältigung dienen. ⇒ Sie sollen Lösungen und Verbesserungen aufzeigen ⇒ Sie sollen Mitarbeiter zur Entscheidungsfindung befähigen
Werkstatt-gruppen	Werkstattgruppen dienen der Verbesserung der Arbeitsorganisation (z.B. Verbesserung der menschlichen Aspekte beim Arbeiten, Kundenfreundlichkeit) - im Gegensatz zur reinen Fließfertigung. Dabei werden Arbeitsschritte gebündelt und an einem Platz zusammengefasst. Bsp. für Werkstattgruppen sind: Fertigungsinseln, Boxenfertigung, Sternfertigung Vorteile der Werkstattgruppen: ⇒ Mehr Abwechslung, weniger Monotonie, Steigerung der Arbeitszufriedenheit ⇒ Verbesserung der Flexibilität und der Einsatzmöglichkeiten der Mitarbeiter ⇒ Höheres Qualifikationsniveau
Lernstatt-gruppen	Eine Lernstattgruppe dient zur Schulung/Qualifizierung der Mitarbeiter und ist damit ein Instrument der Personalentwicklung. Der Mitarbeiter wird von seiner eigentlichen Arbeit freigestellt und eignet sich in einer solchen Lernstattgruppe durch den Austausch betrieblicher Erfahrungen weitere Kenntnisse und Fertigkeiten an.

LEAN MANAGEMENT, LEAN PRODUCTION

Das **Lean Management** war in den 90-er Jahren eine in vielen (vor allem US-amerikanischen) Unternehmen neu eingeführte Managementform.

DEFINITION LEAN MANAGEMENT

Engl.: lean = schlank
Lean Management bezeichnet eine Verschlankung des Managements durch flache Hierarchien mit Konzentration auf die wertschöpfenden Tätigkeiten.

Die Zahl der Hierarchiestufen im Unternehmen soll gering gehalten werden (maximal drei Ebenen). Dies wird zumeist durch Abbau des mittleren Managements erreicht. Das untere Management muss folglich mehr Verantwortung übernehmen.

Eine flache Hierarchie liegt dann vor, wenn Individuen innerhalb der Teams eigenverantwortlich arbeiten können und die Kommunikationswege im Unternehmen direkt sind.

DEFINITION LEAN PRODUCTION

Unter Lean Production versteht man schlanke Prozesse, also den sowohl sparsamen als auch zeiteffizienten Einsatz der Produktionsfaktoren Betriebsmittel, Personal, Werkstoffe, Planung und Organisation im Rahmen aller Unternehmensaktivitäten.

TEILAUTONOME ARBEITSGRUPPEN TAG

DEFINITION TEAM

Ein Team ist eine Gruppe, die sich als Einheit sieht und sich nach außen hin abgrenzt. Es arbeitet relativ selbständig an einer gemeinsamen Aufgabe, also ohne strukturelle Vorgaben von außen, und auch der Lösungsweg wird durch das Team bestimmt.

Um eine gute und reibungslose Teamarbeit zu gewährleisten, sollten die Mitarbeiter etwa auf dem selben Niveau in punkto Leistungsfähigkeit und Leistungsbereitschaft sein. Sie sollen -im Idealfall- gleichberechtigt auf Grundlage gegenseitiger Anerkennung und Sympathie handeln.
Ein Team erzielt unter eigenständiger Leitung und Kontrolle ein Gesamtergebnis.

DEFINITION TEILAUTONOME ARBEITSGRUPPEN

Teilautonome oder selbst gesteuerte Arbeitsgruppen erledigen ihre Aufgaben nach ihren eigenen Vorstellungen.
TAG bieten den Mitarbeitern die Möglichkeit, selbständig eine ganzheitliche Aufgabe zu bearbeiten. Mit dem Hinweis auf die Teilautonomie (=selbststeuernd) wird betont, dass die Gruppe nicht nur produzierende, sondern auch planende und kontrollierende Aufgaben übernehmen und selbständig Entscheidungen über Art und Weise der Arbeitsaufteilung und Arbeitsorganisation treffen.

- TAG dienen hauptsächlich der Entscheidungsfindung vor Ort und der Steigerung der Motivation
- Das Maß der Autonomie hängt davon ab, welche Entscheidungen die Gruppe treffen kann oder darf
- Wichtige Bestandteile der Autonomie sind:
    - selbständige Einteilung und Verrichtung von Aufgaben (wie Urlaub/ Anwesenheit/ Qualifizierung)
    - selbständige Einrichtung, Wartung und teilweise Reparatur von Maschinen
    - selbständige (Qualitäts-)Kontrolle der Arbeitsergebnisse
    - interne Verteilung der Funktionen z.B. Gruppensprecher
- Die bekannteste Form von teilautonomischer Gruppe ist die formale Gruppenarbeit
- Formal eingerichtete Gruppenarbeit bedeutet eine grundsätzliche Überprüfung und Umstrukturierung aller Arbeitsabläufe. Dabei kann es zu erheblichen Spannungen und Konflikten kommen.

Welche Vorteile bieten die TAG?

?

Vorteile der TAG:

⇒ Höhere Arbeitsqualität, höheres Engagement und höhere Arbeitsmoral durch die selbständige und eigenverantwortliche Arbeit sowie durch ein besseres Verständnis der aktuellen Aufgabe
⇒ Höheres Qualifikationsniveau der Mitarbeiter
⇒ Mehr Abwechslung, weniger Monotonie, Steigerung der Arbeitszufriedenheit
⇒ Förderung der sozialen Kompetenz der Mitarbeiter
⇒ Entlastung des mittleren und oberen Managements, da die Arbeit der Ebene übertragen wird, die direkten Einfluss auf den Prozess hat

? Welche positive Auswirkung hat Gruppenarbeit im allgemeinen auf Mitarbeiter, Organisation und Produktion?

Mitarbeiter	Organisation	Produktion
• Intrinsische Motivation durch Aufgabenorientierung • Verbesserung von Qualifikationen und Kompetenzen • Steigerung der Produktkompetenz • Erhöhung der Flexibilität • Qualitative Veränderung der Arbeitszufriedenheit • Abbau einseitiger Belastung • Qualifizierungschancen, Lern- und Entwicklungsmöglichkeiten für Mitarbeiter • Ausgleich von Schwächen und gezieltes Einbringen der Stärken Einzelner • Ganzheitlichkeit, größere Vielfalt der Arbeit	• Verringerung von hierarchischen Positionen • Höhere Flexibilität • Höhere Kundenzufriedenheit • Kosteneinsparungen • Veränderte Vorgesetztenkontrolle, mehr Freiräume für Führungsaufgaben • Verminderung von Fehlzeiten und Fluktuation durch größere Arbeitszufriedenheit • Höhere Akzeptanz für Entscheidungen • Erhöhung der Kommunikation • Steigerung der Effektivität und Effizienz	• Verbesserung der Produktqualität • Bessere Reaktionsmöglichkeiten und Reaktionszeiten bei Anfragen • Verminderung der Durchlaufzeiten • Verringerung arbeitsablaufbedingter Wartezeiten und Stillstandzeiten • Erhöhung der Flexibilität • Verminderung von Fehlzeiten und Fluktuation

QUALITÄTSZIRKEL, PROJEKTGRUPPEN

Qualitätszirkel	Qualitätszirkel sind Kleingruppen von max. 4-12 Mitarbeitern mit dem Ziel, unter Anleitung eines Moderators, Schwachstellen im eigenen Arbeitsgebiet aufzudecken. Sie beruhen auf dem Grundgedanken, dass betriebliche Probleme besonders gut von den Mitarbeitern gelöst werden, die unmittelbar betroffen sind. ⇒ Kleingruppe aus freiwilligen Mitarbeitern aus einer (!) hierarchischen Ebene ⇒ Auf Dauer angelegte regelmäßige Treffen ⇒ Arbeitsplatzbezogene Themen, die nicht frei wählbar sind
Projektgruppen	Projektgruppen sind Gruppen, die zeitlich begrenzt an einem komplexen, neuartigen und einmaligen Projekt arbeiten. Dabei werden je nach Aufgabe die Mitarbeiter aus verschiedenen Unternehmensbereichen und Hierarchieebenen einbezogen. Die Gruppe löst sich nach Ende des Projektes wieder auf. Beispiel: Einführung neuer Produkte oder neuer Verfahren ⇒ Mitglieder aus verschiedenen Bereichen und Ebenen ⇒ Lösung innovativer und komplexer Probleme/Aufgaben ⇒ Zeitlich begrenzte Dauer ⇒ Weisungsbefugnis begrenzt, meist nur Vorschlagsrecht

BETRIEBLICHE SOZIALPOLITIK

DEFINITION BETRIEBLICHE SOZIALPOLITIK

Unter betrieblicher Sozialpolitik versteht man alle Maßnahmen zur Verbesserung der wirtschaftlichen und sozialen Situation der Mitarbeiter.

DEFINITION BETRIEBLICHE SOZIALLEISTUNGEN

Betriebliche Sozialleistungen sind Leistungen des Arbeitgeber an ihre Mitarbeiter (oder auch an deren Angehörige), die zusätzlich zu dem regulären Arbeitsentgelt gezahlt werden.

Unzählige Veränderungen in der Arbeitswelt führten dazu, dass sich Unternehmen nicht mehr nur auf wirtschaftliche Ziele konzentrieren können, sondern dass auch soziale Ziele im Vordergrund stehen, wie

- eine angemessene Entlohnung
- Mitarbeiterorientierung
- Unternehmenskultur
- gute betriebliche Kommunikation und Kooperationsbereitschaft
- attraktive Sozialleistungen

Welche Gründe hat der Arbeitgeber, betriebliche Sozialleistungen anzubieten? ?

- Erhaltung und Steigerung der Arbeitsleistung der Mitarbeiter
- Verringerung der Fluktuation, Bindung der Mitarbeiter an den Betrieb
- Verbesserung des Images
- Leichtere Anwerbung neuer Mitarbeiter/ Stärkung des Akquisitionspotenzials am Arbeitsmarkt
- Erhöhung der Motivation und Zufriedenheit der Mitarbeiter
- Verbesserung des Betriebsklimas
- Reduzierung der Steuerlast des Arbeitgebers
- Identifikation mit dem Betrieb
- Für- und Vorsorge für die Mitarbeiter

Welche Bereiche umfasst die betriebliche Sozialpolitik? ?

Die Sozialpolitik eines Unternehmens umfasst **gesetzlich festgelegte, tarifliche sowie freiwillige Sozialleistungen.**
Bsp.: Sozialeinrichtungen, Altersvorsorge, Arbeits- und Gesundheitsschutz

Die betrieblichen Sozialleistungen lassen sich in folgende drei Bereiche gliedern:

Gesetzliche Sozialleistungen	Tarifvertraglich vereinbarte Sozialleistungen	Freiwillige betriebliche Sozialleistungen
Leistungen, die der Arbeitgeber aufgrund von Gesetzen zu erbringen hat	Leistungen, die der Arbeitgeber aufgrund von Tarifverträgen zu erbringen hat	Leistungen, die der Arbeitgeber aufgrund einer freiwilligen Entscheidung gewährt

Beispiele:
• Sozialversicherungsbeiträge
• Entgeltfortzahlung im Krankheitsfall
• Urlaubsentgelt
	Beispiele:
	• Weihnachtsgratifikation
	• Jahresabschlussvergütung
	• Urlaubsgeld
	• Gewährung von mehr als 24 Werktagen Urlaub pro Jahr
	• Vermögenswirksame Leistungen
		Die wichtigsten freiwilligen Sozialleistungen lassen sich unterteilen in:
		• **Sozialeinrichtungen**
		  • Betriebsverpflegung
		  • Betriebssport
		  • Kinderbetreuung
		  • Werkswohnungen
		  • Beratungsangebote (wie Suchtberatung, Schuldnerberatung)
		
		• **Sozialleistungen**
		  • Geldleistungen
		  • Sachversorgungsleistungen
		  • Sachmittelverbilligung
		  • Arbeitskleidung
		  • Sach-, Dienst- und Nutzungsleistungen
		  • Arbeitszeitleistungen
		  • Arbeitgeberdarlehen
		  • Beihilfen bei Heirat, Geburt, Todesfall
		  • Fahrtgeldzuschuss
		
		• **Betriebliche Altersvorsorge**
		  • Direktzusage
		  • Unterstützungskassen
		  • Pensionskassen
		  • Direktversicherung
		
		• **Unfallschutz und Gesundheitsvorsorge**
		  • Werksärztlicher Dienst
		  • Zuschüsse für Mitgliedschaft im Fitnesscenter
		  • Gesundheitsberatung
		  • Gesundheitszentren

Welche internen und externen Ziele hat die betriebliche Sozialpolitik?

?

Die betriebliche Sozialpolitik verfolgt heute interne und externe Ziele.

Interne Ziele	Externe Ziele
Zusammengehörigkeitsgefühl und Identifikation mit dem Unternehmen zu stärken, sowie Steigerung der Motivation und Zufriedenheit.	Ergänzung staatlicher Sozialpolitik sowie Unabhängigkeit und Konkurrenzfähigkeit in jeder wirtschaftlichen und konjunkturellen Lage
Gutes Betriebsklima: Positives Betriebsklima führt zu Leistungswille, Leistungsfähigkeit und Leistungssteigerung	**Arbeitsmarktsituation:** Erarbeiten von Vorteilen am Arbeitsmarkt, um die Rekrutierung guter Mitarbeiter zu erleichtern, denn gute Arbeitskräfte können es sich auch in konjunkturell schlechten Zeiten aussuchen, in welchem Unternehmen sie arbeiten wollen
Bindungswirkung: Bindung der Mitarbeiter an das Unternehmen, Verringerung der Fluktuation	
Identifikation mit dem Unternehmen: Eintreten für unternehmerische Ziele	**Konkurrenz:** Gewährung von Sozialleistungen, um bei der Rekrutierung von Mitarbeitern konkurrenzfähig zu sein => ausgeübte Sozialpolitik als Entscheidungskriterium für neue Mitarbeiter
Steuer- und Finanzierungsvorteile erzielen: Senkung der Steuerlast	

AUSWIRKUNGEN AUF DAS SOZIALVERHALTEN

DEFINITION SOZIALVERHALTEN

Unter Sozialverhalten versteht man alle Verhaltensweisen, die auf Reaktionen und/oder Aktionen anderer Gruppenmitglieder zielen.

DEFINITION BETRIEBSKLIMA

Unter Betriebsklima versteht man die subjektiv erlebte und wahrgenommene längerfristige Qualität des Zusammenwirkens, der Zusammenarbeit der Mitarbeiter.

? **Welchen Zusammenhang gibt es in Bezug auf Arbeitszufriedenheit, Betriebsklima und Betriebserfolg?**

⇒ Um die Arbeitszufriedenheit von Mitarbeitern zu fördern, sollte zunächst das Arbeitsklima so sein, dass der Mitarbeiter sich wohl fühlt und erfolgreiche Leistungen erbringen kann
⇒ Eine angemessene Bezahlung bestätigt den Wert des Mitarbeiters bezogen auf seine Leistung
⇒ Das Arbeitsumfeld sollte gesundheitsförderlich und familienfreundlich gestaltet sein
⇒ Der Sinn der Aufgabe im Hinblick auf das Ergebnis des Produktes oder der Dienstleitung sollte erkennbar sein
⇒ Die Bindung des Mitarbeiters an den Betrieb sollte vertieft werden, der Mitarbeiter soll von seiner Einstellung her "Mitunternehmer" sein

? **Welche Möglichkeiten hat das Unternehmen bzw. die Führungskraft das Betriebsklima positiv zu beeinflussen?**

- Angemessener und respektvoller Umgangston miteinander
- Guten Kontakt zu den Mitarbeitern pflegen
- Mitbestimmungsmöglichkeiten der Mitarbeiter
- Meinungen der Mitarbeiter ernst nehmen
- Angemessene und rechtzeitige Anerkennung
- Kritik sachgerecht äußern
- Klare und operationalisierte Ziele den Mitarbeitern setzen
- Keine falschen Erwartungen wecken
- Missverständnisse vermeiden z.B. durch klare Formulierungen
- Sachliche Entscheidungen treffen und vertreten
- Konflikte zur Sprache zu bringen und zu lösen, aber nicht nachtragend zu sein
- Organisatorische und ergonomische Gesichtspunkte beachten
- Gute Betriebsorganisation
- Anerkennung der Leistung
- Situativer angemessener Führungsstil
- Gerechte Beurteilungen
- Umfassende Information der Mitarbeiter

! **BEACHTE**

Unzufriedene Mitarbeiter haben keine volle Einsatzbereitschaft. Ihre Energien sind teilweise oder ganz in der jeweiligen Unzufriedenheit gebunden.
Folgen davon können Qualitätsverluste, hohe Fehler- und Ausschussquote, Arbeitsunfälle, schlechte Arbeitsmoral, hohe Fluktuation, rückläufige Produktionszahlen, die Flucht in die Krankheit oder "innere Kündigungen" sein - Situationen, die dem Unternehmen auf alle Fälle Schaden zufügen.

BEACHTE

Das eigene Verhalten als Meister muss immer wieder auf Objektivität und Vorurteile überprüft werden.
Der Industriemeister trägt durch sein Verhalten wesentlich zu einem guten Betriebsklima bei.

!

STRESS

DEFINITION STRESS

Unter Stress versteht man eine normale körperliche Reaktion auf Druck, Spannung, Veränderung oder Herausforderung.

Zur Bewältigung seiner Aufgaben benötigt der Mitarbeiter Erregung, Anspannung und die nötige Entspannung, denn nur Spannungen erzeugen Kraft
(= biologisches und psychologisches Grundprinzip).
Aber, der Stress sollte sich in Grenzen halten und diese Grenzen sind bei jedem Mitarbeiter anders.

Es gibt zwei **Arten von Stress**:

Disstress	• „dis" = schlecht, krankhaft • negativer Stress • anhaltende Überbeanspruchung (geistig wie auch körperlich), bei der der Körper über längere Zeit Reize aushalten muss • auch Unterforderung kann Disstress auslösen • Folge: Häufige und lang andauernde Stressbelastungen führen zu verschiedenen körperlichen und psychischen Belastungen und Problemen
Eustress	• „eu" = gut, schön • positiver Stress • euphorischer Arbeitszustand, der motiviert und zu Höchstleistungen anspornt

? Welche Reaktionen des Mitarbeiters können auf Disstress hinweisen?

Reaktionen des Körpers	Dauerhafte Anspannung, Erschöpfung, permanente Müdigkeit, Beschwerden, Bluthochdruck, Herzinfarktrisiko, Schlafstörungen Beachte: Dauerstress unterdrückt das Immunsystem und dadurch ist der Mitarbeiter anfälliger für Virus- und Bakterienerkrankungen
Reaktionen der Gedanken	Aufmerksamkeitsstörungen, Konzentrationsschwierigkeiten, Gedächtnisprobleme, Abnahme der Leistungsfähigkeit
Reaktionen der Gefühle	Gereiztheit, Unzufriedenheit, Aggression, Nervosität, Unsicherheit, Angst, Lustlosigkeit, Burn-Out, Depression

? Wie kann der Industriemeister Disstress bei seinen Mitarbeitern vorbeugen?

⇒ Gesundes und vertrauensvolles Arbeitsklima schaffen
⇒ Unterstützung der Mitarbeiter, sowie Gelegenheit für Austausch und Unterstützung bieten
⇒ Klare Aufgaben und Anforderungen stellen, die den Mitarbeiter weder über- noch unterfordern
⇒ Anerkennung der Arbeitsleistung
⇒ Offene und ungezwungene Kommunikation fördern, jederzeit Gesprächsbereitschaft signalisieren
⇒ Abwechslungsreiche Tätigkeiten mit Gestaltungsspielraum ermöglichen
⇒ Optimierung von Ablauf und Organisation
⇒ Zeitmanagementkurse ermöglichen

Teil 3

Beurteilen von Einflüssen der Gruppenstruktur auf das Gruppenverhalten und die Zusammenarbeit sowie Entwickeln und Umsetzen von Alternativen

3.1 Wirkungen von Gruppen und Beziehungen in Gruppen

FORMELLE UND INFORMELLE GRUPPEN

Was versteht man unter formellen und informellen Gruppen? ?

Formelle Gruppen	Informelle Gruppen
Formelle Gruppen sind nach rationalen Kriterien organisiert, bewusst geplant und eingesetzt, sowie stark ergebnisorientiert. Sie sind **von außen vorgegeben** bzw. haben von außen vorgegebene Aufgabenstellungen. **Ihre Verhaltensweisen, Ziele und Rollen sind normiert und extern vorgegeben.**	Informelle Gruppen sind in der Zusammensetzung zufällig und bilden sich spontan auf **freiwilliger Basis**. **Die Gruppe bildet sich aufgrund persönlicher Bedürfnisse, Sympathie und sozialer Gemeinsamkeiten.** Sie werden nicht von außen vorgegeben. Sie bestehen zwischen oder neben formellen Gruppen. Die Gruppe selbst verteilt Rollen, Aufgaben und organisiert sich selbst.
Beispiele: • Auszubildende des Unternehmens • Mitarbeiter einer Abteilung • Projektgruppen • Arbeitsgruppen • Teilnehmer einer Weiterbildung bei der IHK	**Beispiele:** • Freundeskreis • Freizeitgruppen/Hobbygruppen • Lerngemeinschaften • Fahrgemeinschaften

? Welche Merkmale kennzeichnen eine Gruppe?

- Mindestens 3 Mitglieder
- Gemeinsame Ziele und Interessen
- Gemeinsames Werte- und Normensystem
- Zusammengehörigkeitsgefühl, Gruppenbewusstsein, „Wir-Gefühl", Teamidentität
- Gegenseitige Beeinflussung
  z.B. gemeinsame Verhaltensmuster, Gruppensprache „Geheimcode"
- Relativ langfristiges Überdauern des Zusammenseins
- Aufbau einer Gruppenstruktur wie Aufgaben- und Rollenzuweisungen, Statusverteilung, Gruppendynamik
- Selbststeuerung
- Direkter Kontakt der Gruppenmitglieder, kontinuierliches Kommunikations- bzw. Interaktionsverhältnis
- Die Mitglieder tragen zur Erreichung der Teamziele mit ihren jeweiligen Fähigkeiten bei

? Welche Bedeutung haben Gruppen für den Einzelnen und die Gesellschaft?

Gruppen bieten dem Mitglied/ dem Einzelnen	Gruppen vermitteln für die Gesellschaft
• Soziale Anerkennung, Bestätigung • Verständnis • Geborgenheit, Freundschaft • Sicherheit	• Wertvorstellungen, • Verhaltensregeln • Einfügen in Gemeinschaften

? Welche (positive und negative) Bedeutung haben informelle Gruppen für die Arbeitssituation?

Positive Folgen:
Informelle Gruppen können sich positiv auf die Arbeitssituation auswirken, indem sie Lücken schließen sowie schnelle, unbürokratische Kommunikation und Hilfe bieten. Daneben bieten sie Verhaltenssicherheit und Schutz vor Ausbeutung.

Negative Folgen:
Informelle Gruppen können aber auch von der offiziellen Zielsetzung einer Arbeitsgruppe abweichen, Mitarbeiter isolieren und auf die Gruppe Zwang und Druck ausüben.

Welche Vorteile und Nachteile bietet die Gruppenarbeit?

?

Vorteile der Gruppenarbeit	• Die Gruppensituation bietet die Möglichkeit, neue Sichtweisen, Interpretationen und Perspektiven kennenzulernen und vom Wissen der anderen Gruppenmitglieder zu profitieren • Das Lernen in einer Gruppe ist oft anregender und motivierender, als das Lernen alleine („man bleibt bei der Stange") • Die Gruppe bietet mehr Kreativität und Ideenreichtum z.B. bei Problemlösungen • Wer sich aktiv am Gruppengeschehen beteiligt, lernt zu argumentieren, zu diskutieren und sein Wissen verständlich und strukturiert vorzutragen; daneben bekommt er mehr Selbstbewusstsein • Gruppenarbeit bietet gegenseitige Unterstützung sowie Lern- und Entwicklungsmöglichkeiten
Nachteile der Gruppenarbeit	• Vorurteile, Abgrenzungen, Ausgrenzungen und ähnliches können in der Gruppe verstärkt werden • Rivalitäten und Akzeptanzprobleme untereinander führen zu Spannungen, Konflikten und Parteibildungen, was wiederum die Arbeit lähmt oder gar blockiert • Große Gruppen kommen oftmals langsamer voran, da alle Gruppenmitglieder einbezogen werden müssen • Einzelne Personen können die Arbeit bzw. den Rest der Gruppe dominieren • Rollenverteilungen können zur einseitigen Übernahme von „Lieblingsfunktionen" führen • Gruppenarbeit ist nicht für jede Aufgabenstellung geeignet • Überforderung von „Einzelkämpfern" • Abhängigkeit von der Gruppe (Gruppendruck)

GRUPPENBILDUNG

Von welchen Faktoren hängt die ideale Gruppengröße ab?

?

Die ideale arbeitsfähige Gruppengröße hängt ab von ...

⇒ der Aufgabe
⇒ den Kompetenzen der Gruppenmitglieder
⇒ den Arbeitsbedingungen
⇒ der für die Aufgabe zur Verfügung stehenden Zeit

? Welche Grundsätze sind bei der Zusammensetzung von betrieblicher Gruppenarbeit zu berücksichtigen?

- Größe der Gruppe (maximal 12 - 15 Mitarbeiter)
  Beachte: Die individuelle Leistung nimmt bei zunehmender Gruppengröße ab (Ringelmann-Effekt)
- "Verbundenheit" der Gruppe, Solidarität der Mitglieder
- Keine größeren Konflikte der Mitglieder untereinander
- Reife der Mitglieder, innere Bereitschaft der Mitglieder zur Gruppenarbeit
- Klare Aufgabenstellung bzw. Zielsetzung
- Ein hohes Maß an Verantwortungsbereitschaft aller Mitarbeiter
- Anpassungsleistung des einzelnen Mitarbeiters im Hinblick auf
  die Ziele; die erforderlichen und gewünschte Mittel und Wege, um das Ziel zu erreichen; die speziellen Rollenanforderungen und Erwartungen aufgrund der Position, sowie die demokratische Verhaltensvorschriften, an denen sich alle Gruppenmitglieder orientieren müssen (z.B. Verschwiegenheit)
- Die Teammitglieder sollen alle erforderlichen fachlichen und persönlichen Kompetenzen zur bedarfsgerechten Aufgabenerledigung auf sich vereinen; sie sollten möglichst unterschiedliche Qualifikationen besitzen, um sich gegenseitig optimal zu ergänzen

? Nach welchen Regeln funktionieren Gruppen im Allgemeinen?

Jede Gruppe unterliegt inhaltlich festgelegten, relativ konstanten Regeln, nach denen sich Mitglieder in einer Gemeinschaft miteinander und zueinander verhalten.

Interaktionsregeln	Unter Interaktionsregel versteht man das wechselseitig bedingte Verhalten zweier oder mehrerer Personen. Je häufiger Interaktionen stattfinden, desto enger ist die Beziehung, desto mehr werden „Wir-Gefühl" gefördert.
Ausgleichsregeln	Unter Ausgleichsregel versteht man das Angleichen von Verhaltensweisen und Ansichten einer Gruppe aufgrund des längeren Bestehens der Gruppe.
Distanzierungsregeln	Unter Distanzierungsregel versteht man das deutliche Abgrenzen einer Gruppe aufgrund ihres Wir-Gefühls zu anderen bzw. nach außen - bis hin zur Feindschaft zu anderen Gruppen.

? Welche Phasen der Teamentwicklung werden unterschieden?

Sobald Gruppen neu zusammengestellt sind, beginnt die Gruppe sich zu organisieren und zu entwickeln. Das Team muss sich orientieren, Konflikte ausleben und beseitigen, Kompromisse schließen und insbesondere zusammenwachsen, um zu einer effizienten Zusammenarbeit zu gelangen.

Folgende **4 typischen Phasen der Teambildung (nach Tuckman)** sind zu beobachten:

1. Forming Orientierungs Phase	In dieser Phase entsteht das Team. Die Mitglieder kommen mit bestimmten Erwartungen und sind auf der Suche nach ihrer Rolle innerhalb des Teams. Man beschnuppert sich gegenseitig und auf der Sachebene werden erste Informationen gesammelt bzw. gemeinsame Ziele formuliert.	Kontaktaufnahme, Kennenlernen, Abtasten, Unsicherheit, Höflichkeit
2. Storming Konfrontations Phase	Wichtigste Phase: Es wird um Machtpositionen gekämpft, Meinungen werden strikt vertreten und persönliche Differenzen der Teammitglieder untereinander deutlich. Dazu kommt, dass die eingesetzten Methoden und die Teamleitung diskutiert oder gar angegriffen werden.	Machtkämpfe, Konflikte, Egoismen, Kampf um Rollen, Frustrationen, Stillstand, Konfrontation
3. Norming Organisations Phase	Die Wogen im Team haben sich geglättet, Verhaltensnormen werden deklariert und es ist ein Wir-Gefühl entstanden. Jetzt beginnt die eigentliche Arbeit im Team. Gedanken, Daten und Ideen werden offen ausgetauscht und bewertet.	Spielregeln, Gruppennormen, Vertrauen, Wir-Gefühl, Offenheit, sachliche Auseinandersetzung
4. Performing Arbeits-Phase	In dieser Phase sind dank der hohen Teamkohäsion (= Teamzusammenhalt) Spitzenleistungen möglich. Die Gruppe steuert sich überwiegend selbständig. Konflikte und andere Probleme werden in Feedbacksitzungen diskutiert und in der Regel auch gelöst.	Hochleistungsteam, produktiv, offen, leistungsfähig, flexibel, ideenreich, hilfsbereit

ROLLE, STATUS, NORMEN, GRUPPENDYNAMIK, GRUPPENDRUCK, RANGORDNUNG, ROLLENKONFLIKTE

Rolle	• Unter Rolle versteht man die Summe der Erwartungen/ der kulturellen Verhaltensmuster, welche dem Inhaber einer Position zugeschrieben werden • In jeder Gruppe gibt es unterschiedliche Rollen wie z.B. den Star (Anführer), den Sündenbock , den Außenseiter, den Clown, den Intriganten, den Mitläufer, den Schwächsten, den Drückeberger, den Macher, den Schmarotzer, den Koordinator, den „Dauer-Bedenkenträger" etc.
Status	• Unter Status versteht man Platz/ die soziale Stellung/ den Rang eines Gruppenmitglieds, den es zu einer bestimmten Zeit in einem bestimmten System einnimmt • Der Status einer Person ist mit Ansehen, Autorität und/oder Macht gleichzusetzen • Status ist oft mit Statussymbolen verbunden • Je höher der soziale Status, desto höher die Zufriedenheit des Mitarbeiters

(Gruppen-) Normen	• „norma"= Regel, Vorschrift
	• Normen sind verbindliche Regeln für das Verhalten der Gruppe und in der Gruppe, welche festlegen, was in einer bestimmten sozialen Situation eine angemessene und erwartete Verhaltensweise ist
	• Normen drücken also Verpflichtungen aus, in einer bestimmten, von der Gesellschaft erwarteten und oft vorgeschriebenen Weise, handeln zu sollen
	• Für die Normeinhaltung gibt es
	  • positive Sanktionen wie Anerkennung, Lob, Zuwendung, finanzielle Belohnung
	  • negative Sanktionen bei Verstoß, wie Missachtung, Ignorieren, Schneiden, schlechte Beurteilung

Gruppendynamik	• Unter Gruppendynamik versteht man die Kräfte, die zum einen innerhalb der Gruppe (z.B. bei Meinungs- und Entscheidungsfindung) wirken und zum anderen die Kräfte, die von der Gruppe nach außen (z.B. Machteinsatz durch starkes „Wir-Gefühl") strahlen • Grundsätzlich kämpft jedes Gruppenmitglied -bewusst oder unbewusst- ständig um seinen Platz in der Gruppe • Die systematische Erforschung der gruppendynamischen Prozesse bietet Erkenntnisse für Gruppenarbeit und Teamentwicklung • Beachte: Der Industriemeister muss positive Entwicklungen der Gruppendynamik erkennen und fördern, sowie negativen Entwicklungen entgegensteuern
Gruppendruck	• Unter Gruppendruck versteht man den Druck auf einzelne Gruppenmitglieder, die von der Gruppennorm abweichen. Damit werden abweichende Meinungen, Arbeitsweisen, Ansichten und Argumente offen oder latent unterdrückt • Gruppendruck steuert, fördert oder verhindert damit ein bestimmtes (Arbeits-)Verhalten
Rangordnung	Jedes Mitglied der Gruppe nimmt in ihr einen bestimmten Platz ein. Dieser ist insbesondere abhängig zum einen vom Beitrag des einzelnen Gruppenmitglieds zum Gruppenziel und zum anderen von seinem Beliebtheitsgrad bei den anderen Gruppenmitgliedern
Rollenkonflikte	Es können zwei Arten von Rollenkonflikten entstehen: ⇒ Der innere/ **Intra-Rollenkonflikt** liegt vor, wenn zwischen den Erwartungen innerhalb einer Rolle Widersprüche bestehen z.B. durch Bedürfnisse, die sich widersprechen ⇒ Der äußere/ **Inter-Rollenkonflikt** liegt vor, wenn zwischen den Erwartungen, die an unterschiedliche Rollen geknüpft sind, unvereinbare Widersprüche bestehen, indem diese gleichzeitig ausgeführt werden sollen (häufig „privat" gegen „Arbeitssituation")
(Soziale) Interaktion	Soziale Interaktionen sind Handlungen, in denen und durch die sich zwei oder mehrere Personen wechselseitig austauschen. Ausgetauscht werden Emotionen, Sachen und Symbole. Zum erfolgreichen Austausch muss man sich gegenseitig Verstehen. Beachte: Interaktion und Kommunikation werden oft synonym verwendet.

3.2 Veränderung von Gruppenstruktur und –verhalten

Für die Mitarbeiter ändert sich durch die Einführung von Gruppenarbeit vieles.

Vor der Gruppenarbeit:
Die Tätigkeit des einzelnen Mitarbeiters hat sich **auf eine Kernaufgabe beschränkt.**

Durch die Gruppenarbeit:
Der **Handlungs-, Entscheidungs- und Kontrollspielraum des Mitarbeiters hat sich erheblich erweitert**.

Bsp.:
Die Teams

- übernehmen die interne Aufgabenverteilung
- planen die Reihenfolge der Aufträge auf Basis der Teileverfügbarkeit
- übernehmen kleinere Wartungsaufgaben
- erstellen ihre Urlaubspläne
- regeln ihre Arbeitszeit und Schichteinteilung eigenverantwortlich
- können in einem vorgegebenen Rahmen Ersatzteile, Hilfs- und Betriebsstoffe selbst bestellen
- übernehmen die Qualitätssicherung
- können in einem vorgegebenen Rahmen Qualifikationsmaßnahmen der Teammitglieder organisieren
- suchen bei Fehlern geeignete Maßnahmen zur Fehlerbeseitigung und setzen diese um
- können kleinere Verbesserungen, die Abläufe oder Arbeitsorganisation betreffen, direkt umsetzen

? **Welche neuen Qualifikationen und Kompetenzen müssen Mitarbeiter und Meister bei der betrieblichen Gruppenarbeit erfüllen?**

Bei der betrieblichen Gruppenarbeit –bezogen auf das Lean Management- müssen Mitarbeiter und Meister insbesondere folgende Kriterien erfüllen:

- Präsentationstalent
- Moderations– und Visualisierungstechniken
- Problemlösefähigkeit, kreative Problemlösetechniken, Aufgeschlossenheit für Neues
- Kommunikationsfähigkeit
- Manuelles Geschick
- Verantwortungsbewusstsein und Leistungsbereitschaft
- Fähigkeit zur Zusammenarbeit in der Gruppe
- Wille, die eigenen Fähigkeiten einzubringen
- Bereitschaft, sich den Erfordernissen der Gruppenarbeit entsprechend weiterzuentwickeln

AUFGABENVERTEILUNG INDUSTRIEMEISTER UND GRUPPENSPRECHER BEI DER GRUPPENARBEIT

Bei der Gruppenarbeit geben die Industriemeister konsequent Verantwortung an die Teams ab.
An der Spitze des Teams steht neben dem Industriemeister ein Gruppensprecher, der von der Gruppe gewählt wird.
Der Gruppensprecher/Teamsprecher ist selbst Teammitglied und übernimmt gleichzeitig eine Mittlerrolle zwischen Team und Industriemeister.

? **Welche Aufgaben hat der Industriemeister bei der betrieblichen Gruppenarbeit?**

Der Meister hat vorrangig **Management- und Planungsaufgaben**, d.h. er schafft die Rahmenbedingungen für die Gruppenarbeit wie

- Personalauswahl für das Team
- Vorgabe der Ziele
- Abstimmung
- Beratung des Teams in strukturellen Fragen wie Vorgehensweisen, Prozesse, Verantwortlichkeiten
- Kontrolle und Rückmeldungen

Daneben fungiert er als **Berater, Trainer und Coach** seines Teams und in Konfliktsituationen auch als Mediator, was eine hohe Sozialkompetenz vom Industriemeister erfordert.

Für alle diese neuen Aufgaben wird er geschult und erhält gegebenenfalls professionelle Unterstützung.

Welche Aufgaben hat der Gruppensprecher/Teamsprecher bei der betrieblichen Gruppenarbeit? ?

Der Gruppensprecher/Teamsprecher nimmt u.a. folgende Aufgaben wahr:

- Vertretung der Gruppeninteressen nach außen und nach oben
- Organisation und Koordination der Arbeitsaufgaben und der Prozesse innerhalb des Teams
- Für aktive Kommunikation und Information innerhalb des Teams und zum Industriemeister/Vorgesetzten sorgen
- Eigenständig Gruppensitzungen planen und durchführen
- Beschaffung von Werkzeug und Arbeitsmaterial sowie Organisation von Reparaturen und Instandhaltung
- Beachtung der Einhaltung der Arbeitsstandards
- Beachtung der Einhaltung des Budgets
- Kontrolle der Einhaltung von Vereinbarungen mit anderen Bereichen
- Einarbeiten neuer Teammitglieder

Damit die Gruppensprecher ihre Aufgaben möglichst effizient wahrnehmen können, müssen sie intensiv ausgebildet und trainiert werden.

"HUMAN-RESOURCE-ANSATZ"

DEFINITION "HUMAN-RESOURCE-ANSATZ"

Kernthese des Human-Resource-Ansatzes ist, dass der Mitarbeiter der Erfolgsfaktor des Unternehmens und dessen Vermögensanlage ist.

Ziel des Human-Resource-Ansatzes ist es, zufriedene Mitarbeiter zu haben, die sich selbst entfalten können, mit der für den Betrieb positiven Folge der Produktivitätssteigerung und der Qualitätsverbesserung.

Es müssen beim Human-Resource-Ansatz **Rahmenbedingungen** im Unternehmen geschaffen werden, um die Entfaltung der Persönlichkeit sowie die individuelle Selbstverwirklichung und Bedürfnisbefriedigung der Mitarbeiter zu ermöglichen,
z.B. durch
⇒ **demokratische Gruppenarbeit**
⇒ Möglichkeiten zur Persönlichkeitsentwicklung
⇒ motivationsorientierte Neugestaltung organisatorischer Strukturen und Prozesse wie Change Management, Lernende Organisation
⇒ einen partizipativen Führungsstil
⇒ weitgehende Selbstkontrolle
⇒ Verbesserung des Arbeitsumfeldes und der Arbeitsbedingungen

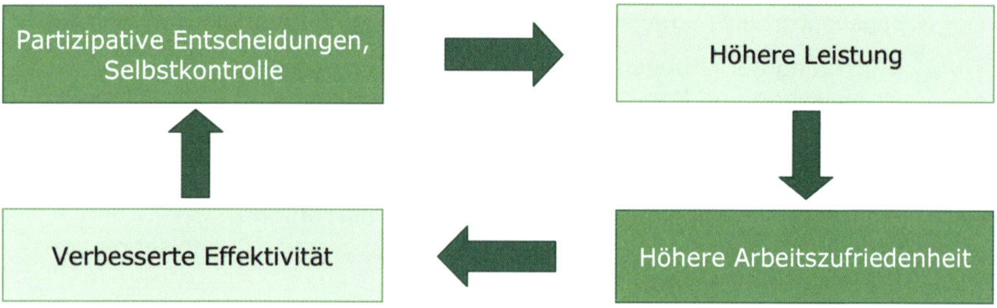

Der „Human-Resource-Ansatz" geht unter anderem davon aus, dass **Teamarbeit** das Leistungsverhalten der Mitarbeiter entscheidend verbessert.

Hierbei ist nicht mehr der Werker gefragt, der nur seine Arbeit nach den Vorschriften und Befehlen anderer ausführt, sondern seine Potenziale zählen.

Die neue Form der Gruppenarbeit wird neben den bisherigen produktionstechnischen Arbeitsbedingungen wie folgt erweitert:
➔ Jobrotation
➔ Qualitätssicherung
➔ Orientierung nach Zielvereinbarungen
➔ Logistik
➔ Qualifizierungspläne
➔ KVP-Prozesse

Teil 4

Auseinandersetzen mit eigenem und fremdem Führungsverhalten, Umsetzen von Führungsgrundsätzen

4.1 Rolle des Industriemeisters

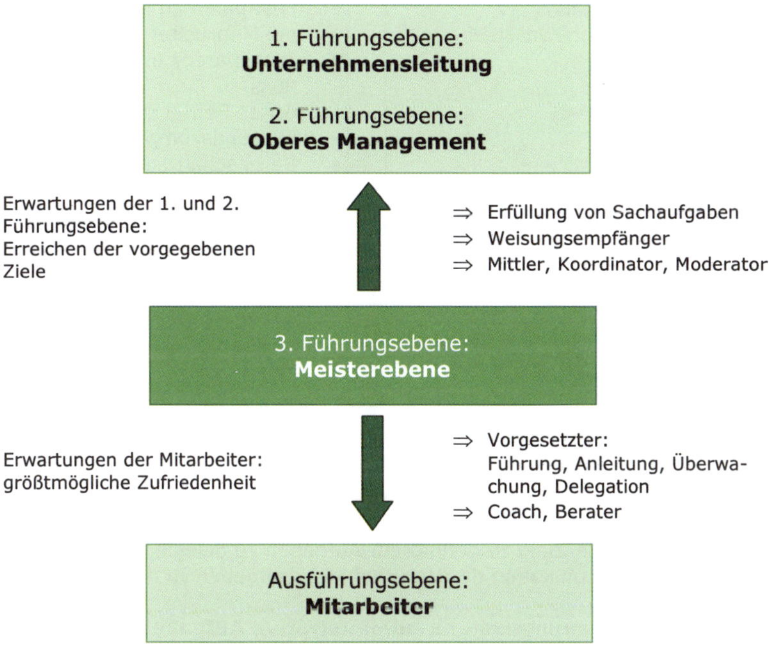

Der Industriemeister ist in der Schnittstellenposition zwischen oberer Führungsebene und Ausführungsebene. Daraus ergeben sich hohe Anforderungen an den Meister.

Erwartungen der Geschäftsleitung an den Industriemeister	Erwartungen der Mitarbeiter an den Industriemeister
• Umsetzung der Unternehmensziele • Kostenbewusstes Denken und Handeln • Analytisches Denken • Organisatorische Fähigkeiten • Korrekte Behandlung und Motivation der Mitarbeiter • Schaffung eines günstigen Arbeits- und Betriebsklimas • Persönliche Ausstrahlung • Fachliche Autorität • Entscheidungsfreude im Rahmen des Entscheidungsspielraums • Durchsetzungsfähigkeit • Verhandlungsgeschick • Belastbarkeit • Menschenkenntnis • Verantwortungsbewusstsein • Souveränität	• Fach- und Sozialkompetenz • Gerechte Behandlung und Arbeitsverteilung • Bereitschaft zu kooperativer Arbeitsweise • Einfühlungsvermögen (Empathie) • Urteilsvermögen • Gerechte Leistungsbeurteilung • Gerechte Entlohnung • Berufserfahrung • Vertretung der Interessen nach "außen" • Bereitschaft, Probleme und Konflikte anzusprechen und helfen, sie zu lösen • Klare Zielsetzung • Einsatz für den Mitarbeiter und Festhalten an Entscheidungen für die Mitarbeiter • Transparenz und Informationsfluss • Gutes Betriebsklima fördern • Führungskompetenz • Bereitschaft zur Delegierung und zur Übertragung von Verantwortung • Mitarbeitermotivation • Respekt

? Welche Aufgaben hat der Industriemeister als Führungskraft?

Die Aufgabe der Führungskraft ist es, die **Mitarbeiter zu führen**, zu motivieren, zu entwickeln, sowie Ziele zu definieren, Aufgaben zu delegieren und als Multiplikator für die Kommunikation der Unternehmensaufgaben zu dienen.

Daneben ist eine Führungskraft für **administrative Aufgaben** zuständig, wie Mitarbeitergespräche, Zielvereinbarungen, Bewerbungsgespräche, Erstellen von Arbeitszeugnissen, Kündigungsgespräche etc.

Die wichtigsten Aufgaben der Führungskraft sind:

- Organisieren und koordinieren
- Ziele finden und setzen
- Strategisch denken und handeln
- Planen, entscheiden, anordnen
- Kontrollieren, messen, beurteilen
- Delegieren
- Mitarbeiter fördern, beurteilen, Feedback geben
- Mitarbeiter motivieren
- Verantwortung übernehmen
- Information
- Kommunikation
- Zusammenarbeit mit den Mitarbeitern
- Sicherung des Gruppenzusammenhaltes (Kohäsion)
- Das Unternehmen nach innen und außen zu präsentieren
- Beraten und coachen, Visionen setzen und Vorbild sein
- Probleme erkennen, Konflikte lösen, Mitarbeiter bei Problemen unterstützen
- Weiterbildung organisieren

BEACHTE

Folgen schlechter Mitarbeiterführung sind:
Unzufriedene Mitarbeiter, Qualitätsverluste bzw. hohe Fehler- und Ausschussquote, Arbeitsunfälle, schlechte Arbeitsmoral, hohe Fluktuation, rückläufige Produktionszahlen, steigende Fehlzeiten durch Krankheit etc.

Welche unterschiedlichen Rollen nimmt der Industriemeister als Führungskraft ein?

Vorgesetzter	Als Vorgesetzter hat der Industriemeister Weisungs- und Kontrollbefugnisse.
Trainer/ Coach	Als Coach begleitet der Industriemeister seinen Mitarbeiter bzw. seine Teams bei der Realisierung eines Anliegens oder der Lösung eines Problems. Durch den Gesprächsprozess wird der Mitarbeiter/das Team zu einem selbstgefundenen oder selbstentwickelten Lösungsweg hingeführt (= Hilfe zur Selbsthilfe).
Moderator	Der Industriemeister steuert den Prozess, z.B. indem er Diskussionen anregt, den Überblick hat und das Ziel nicht aus den Augen verliert.
Koordinator/ Vermittler	Der Industriemeister vermittelt als neutrale Person zwischen seinen Mitarbeitern z.B. bei Konflikten, sowie zwischen den Abteilungen.
Vorbild	Der Industriemeister muss ein Vorbild für seine Mitarbeiter sein. Daher ist es wichtig, dass er fachlich und sozial kompetent ist, um positive Verhaltensweisen vorzuleben.
Motivator	Neben einem ausgeprägten Einfühlungsvermögen (Empathie) in gruppendynamische Vorgänge, muss der Industriemeister eine hohe Motivations- und Aktivierungsfähigkeit im Hinblick auf die Gruppenleistung aufweisen.

? Welche Ziele hat der Industriemeister als Führungskraft?

Das wichtigste Ziel der Führungskraft ist es, die Mitarbeiter zu einem verbindlichen zielorientierten Verhalten zu veranlassen.

Ökonomische Ziele	Soziale Ziele	Lokomotion	Motivation	Kohäsion
Erreichen der betrieblichen Ziele wie Wirtschaftlichkeit, Rentabilität, Gewinnstreben, Liquidität = Betrieblicher Aspekt	Berücksichtigung der Erwartungen der Mitarbeiter wie Zufriedenheit, gutes Betriebsklima, Sicherheit, Entfaltung = Mitarbeiteraspekt	D.h. sachbezogene Ausrichtung der Mitarbeiter auf die Ziele	D.h. Schaffung einer individuellen Bereitschaft zum Handeln	D.h. Sicherung des Zusammenhalts zwischen Vorgesetztem, Mitarbeiter und Mitarbeitergruppe

? Mit welchen Stellen im Unternehmen muss der Industriemeister zusammenarbeiten?

Grundsätzlich trägt der Industriemeister die Hauptverantwortung für die Führung seiner Mitarbeiter. Darunter fällt z.B. das Einarbeiten, Fördern, Beraten, Beurteilen, konkrete Einsetzen, Informieren und Kontrollieren seiner Mitarbeiter.

Aber der Industriemeister muss auch, zur Erfüllung seiner Aufgaben, mit anderen Stellen im Unternehmen zusammenarbeiten, insbesondere mit

⇒ Personalabteilung
⇒ Unternehmensleitung
⇒ Direkte und indirekte Vorgesetzte
⇒ Betriebsrat, wenn vorhanden

4.2 Führung im Verantwortungsbereich des Industriemeisters

Was versteht man unter Führen?

DEFINITION FÜHREN

Führen bedeutet generell die Steuerung des Handelns von Personen oder Gruppen zur Verwirklichung der gesetzten oder vorgegebenen Ziele.

Es geht also beim Führen um die **zielbezogene Einflussnahme**, d.h. die Führungskraft hat ihre Mitarbeiter zu einem verbindlichen zielorientierten Verhalten zu veranlassen, das orientiert an den Grundsätzen des Unternehmens den jeweilig zugewiesenen Aufgabenstellungen entspricht.

Führung

Sachorientierte Führung

Führen im Betrieb bedeutet zum einen die betrieblichen Abläufe durch Planung, Organisation, Durchführung und Kontrolle zu steuern.

Personenorientierte Führung

Zum anderen ist mit Führen eine personenorientierte Komponente angesprochen. Führungsstil, Menschenbild, Sympathie und Autorität des Vorgesetzten beeinflussen das Arbeits- und Lernverhalten des Mitarbeiters.

? **Was versteht an unter Autorität und welche Formen der Autorität gibt es?**

DEFINITION AUTORITÄT

Autorität bezeichnet Ansehen, Würde, Macht und Einfluss von Personen oder Institutionen aufgrund von Befugnissen, aber auch aufgrund von innerer Überlegenheit, größeren Ansehens oder besonderem Sachverstand.

Man unterscheidet zwischen übertragener Autorität als Dienstgewalt oder personaler und fachlicher Autorität als Persönlichkeit. Von diesen Faktoren hängt im wesentlichen erfolgreiches Führen ab.

Persönliche Autorität	Fachliche Autorität	Betriebliche Autorität
Autorität durch Persönlichkeit Führungsqualitäten wie Gerechtigkeit, Fairness, mitmenschliches Verhalten, Vorbild, Hilfsbereitschaft, soziale Kompetenzen	**Autorität durch fachliche Kenntnisse, Fertigkeiten und Erfahrungen** Wissen, Können, gute Menschenkenntnis, Menschenführung	**Autorität durch Position und Stellung im Betrieb - vom Betrieb verliehene/ übertragene Dienstgewalt (Amtsautorität)** Rechte, Pflichten, Verantwortungen, Befugnisse

FÜHRUNGSSTILE

DEFINITION FÜHRUNGSSTIL

„Führungsstil ist die Grundhaltung und das sich daran orientierende Verhaltensmuster, mit denen jemand seine Führungsaufgaben, bezogen auf andere Personen oder Gruppen, wahrnimmt".

Quelle: Birker, Klaus: Führung. Entscheidung, 1997

Der Führungsstil kann also gleichgesetzt werden mit dem Führungsverhalten, das durch eine einheitliche Grundhaltung (Werte, Normen, Grundsätze) gekennzeichnet ist.

Grundsätzlich sind Führungsstile auf den Erfolg ausgerichtet. Es geht darum, Mitarbeiter zu einem zielorientierten Verhalten zu veranlassen, so dass die betrieblichen Ziele erreicht werden.

Folgende Führungsstile sind zu unterscheiden:

Ein-dimensionaler Führungsstil	Ein Führungsstil ist eindimensional, wenn zur Beschreibung und Beurteilung von Führungsverhalten **nur ein Leitkriterium herangezogen** wird	Hierzu gehören die klassischen Führungsstile: • **autoritär** • **kooperativ** • **laissez faire**
Zwei-dimensionaler Führungsstil	Beim zweidimensionalen Führungsstil wird unterschieden zwischen **Mitarbeiterorientierung** („Mensch") **und Sachorientierung** („Sache")	Am bekanntesten ist das **Managerial Grid** (= Verhaltensgitter) von Blake und Mouton
Drei-dimensionaler Führungsstil	Beim dreidimensionalen Führungsstil wird unterschieden zwischen **Mitarbeiter**, **Vorgesetzter und betriebliche Situation**	Man bezeichnet diesen Ansatz auch als **situativer Führungsstil**. Die Führungskraft wählt ihren Führungsstil abhängig • von ihrer eigenen Persönlichkeit und ihren bisherigen Erfahrungen • vom „Reifegrad", der Motivation und der Persönlichkeit des Mitarbeiters und • von der betrieblichen Situation

EINDIMENSIONALE FÜHRUNGSSTILE

Zu den eindimensionalen Führungsstilen gehören die klassischen Führungsstile nach Kurt Lewin.

autoritär	kooperativ	laissez faire
• Der Vorgesetzte entscheidet, verteilt Aufgaben setzt Ziele und kontrolliert; der Mitarbeiter führt aus • Die Entscheidung trifft die FK ganz allein, ohne Einbeziehung der MA • Von seinen Untergebenen erwartet der Vorgesetzte nahezu bedingungslosen Gehorsam und duldet keinen Widerspruch oder Kritik (Befehls- und Gehorsamkeitsgefüge) • Bei Fehlern wird bestraft, statt zu helfen • Die FK nimmt nicht am Arbeitsprozess teil	• Die FK bezieht ihre Mitarbeiter in das Betriebsgeschehen mit ein (= Führen durch Zusammenarbeit) • Vorgesetzter und MA sehen sich als **Partner**, Zusammenarbeit ist geprägt von Vertrauen, Einsicht, Verantwortung und Kontakt • **Ziele** sind das Ergebnis einer Gruppenentscheidung, unterstützt durch die FK • Betriebliche Aktivitäten und Vorgehensweisen werden in der Gruppe abgestimmt; der MA wird in die Entscheidungsprozesse miteinbezogen. • Bei Fehlern wird i.d.R. nicht bestraft, sondern geholfen.	• laissez faire = laufen lassen • Gleichgültigkeitsführungsstil • Völlige Freiheit für Einzel- oder Gruppenentscheidung • Es findet keine Führung statt, die MA bestimmen ihre Arbeit, die Aufgaben und die Organisation selbst • Beteiligung der FK erstreckt sich auf das zur Verfügung stellen von Arbeitsmaterialien und Informationen • Der Vorgesetzte greift nicht in das Geschehen ein, er hilft oder bestraft auch nicht • Keine Steuerung oder Beurteilung der Gruppenarbeit

Welche Merkmale haben die klassischen Führungsstile (autoritärer Führungsstil, kooperativer Führungsstil und laissez faire Führungsstil)?

	Kooperativer Führungsstil	Autoritärer Führungsstil	Laissez faire Führungsstil
Beziehung zur Führungskraft	Kontakt, Zusammenarbeit Wissen, dass jede Gruppe auf Zusammenarbeit und gemeinschaftliches Wirken angewiesen ist	Distanz Alleinentscheidung des Vorgesetzten wer welche Aufgaben durchzuführen hat	Kontakt
Auftreten der Führungskraft	"bescheiden", loyal überzeugend, motivierend ⇒ Macht mit der Gruppe	Betonung der Position, Befehlend, auf Macht bedacht ⇒ Macht über die Gruppe	Auf Führung wird weitgehend verzichtet
Motive des Handelns bei den Mitarbeitern	Einsicht, Verantwortung, Selbständigkeit, Eigenständigkeit, kritisches Denken	Zwang zur Pflichterfüllung, Ergebenheit, Gehorsam	Verantwortung und Selbständigkeit werden übernommen
Bei den Mitarbeitern erzeugtes Klima	Vertrauensvoll, gelöst	Angespannt, ängstlich, misstrauisch	Freie Hand für das selbstverantwortliche Tun, Kreativität
Grundeinstellung der Mitarbeiter	Freiwillige Einordnung und aktive Beteiligung an Prozessen	Teilweise unfreiwillige Einordnung bzw. Unterordnung	Freiräume oder Überforderung

Welche Vorteile und Nachteile haben die klassischen Führungsstile?

	Vorteile	Nachteile
Autoritärer Führungsstil	• Rasche Durchsetzung von allein getroffenen Entscheidungen (rasche Entscheidungsgeschwindigkeit) • Übersichtlichkeit der Kompetenzen und dadurch Klarheit der Entscheidungsgewalt • Gute Kontrolle • Ideal bei Gefahrensituationen	• Mangelnde Motivation der Mitarbeiter • Mitarbeiter werden unselbständig • Gruppe ohne Führung fällt auseinander • Misstrauen • Negatives Menschenbild • Schlechtes Arbeitsklima

Kooperativer Führungsstil	• Ausgewogene fachgerechte Entscheidung auf breiter Basis • Hohe Motivation der Mitarbeiter • Förderung der Leistungsfähigkeit und höherer Selbständigkeit • Entlastung des Vorgesetzten • Höhere Identifikation mit dem Unternehmen • Besseres Betriebsklima durch offene Kommunikationsstrukturen • Indirekte Personalentwicklung	• Entscheidungsgeschwindigkeit ist eventuell verlangsamt bzw. verzögert, da Entscheidungen erarbeitet werden müssen • Eventuell höhere Kosten durch höheren Zeitaufwand
Laissez faire/ liberaler Führungsstil	• Gewährung eines hohen Freiheitsgrades • Eigenständige Arbeitsweise der Mitarbeiter • Mitarbeiter können ihre Entscheidungen eigenständig und individuell treffen • Geeignet bei Kreativ-Arbeiten und Forschung	• Gefahr mangelnder Disziplin und Unordnung • Kompetenzstreitigkeiten, Rivalitäten • Gefahr, dass schlechtere Gruppen auf der Strecke bleiben oder in unkoordinierte Einzelinteressen zerfallen • Mitarbeiter können Führungskraft als unfähig ansehen

BEACHTE

Schlechte Mitarbeiterführung hat negative Folgen
wie hohe Fluktuation, geringere Produktivität, Unzufriedenheit der Mitarbeiter, schlechte Qualität, hohe Ausschussquote, Flucht der Mitarbeiter in Krankheit oder in Sucht (hoher Krankenstand), mangelnde Identifikation der Mitarbeiter mit den Zielen des Unternehmens

!

ZWEIDIMENSIONALE FÜHRUNGSSTILE

Ab den 50er-Jahren wurden die Verhaltensansätze in zweidimensionale Modelle differenziert, und zwar in den **aufgaben- und in den mitarbeiterorientierten Führungsstil**.

Der bekannteste zweidimensionale Führungsstil ist das Grid-Verhaltensgitter (Managerial Grid) nach Blake und Mouton.

Aufgabenorientierter Führungsstil	Mitarbeiterorientierter Führungsstil
Die **optimale Erfüllung der Ziele**, also die Aufgaben im Arbeitsprozess, stehen im Vordergrund	Schwerpunkt liegt im zwischenmenschlichen Bereich, d.h. die **Bedürfnisse und Erwartungen der Mitarbeiter** stehen im Vordergrund z.B. Faktoren der Achtung und Wärme

Aufgabenorientiert führt, wer dem MA sagt was zu tun ist, wie es zu tun ist, wann es zu tun ist, wo es zu tun ist, wer es zu tun hat und bis wann es zu erledigen ist.

Beziehungsorientiert führt, wer dem MA zuhört, ihn ermutigt, ihn fördert, klarstellt, mit dem MA spricht und ihm Verständnis zeigt.

Beispiele:
- Wert auf die Arbeitsmenge legen
- Mangelhafte Arbeit tadeln
- Langsam arbeitende MA darauf aufmerksam machen, sich mehr zu bemühen
- Sich von leistungsschwachen MA schnell trennen

Beispiele:
- Auf das Wohlergehen der MA achten
- Die MA gleichberechtigt behandeln
- Die MA unterstützen
- Sich um ein gutes Verhältnis zu den MA bemühen
- Sich für die MA einsetzen

? Welche Hauptaussagen beinhaltet das zweidimensionale Grid-Verhaltensschema nach Blake und Mouton?

Es beruht auf Forschungsergebnissen der US-amerikanischen Ohio State University und wurde 1964 im Rahmen eines Führungstrainings für das Unternehmen Exxon Mobil von Robert R. Blake und Jane Mouton entwickelt.

⇒ Das Grid-Verhaltensgitter nach Blake und Mouton zeigt, dass Aufgaben einer Führungskraft sowohl eine Aufgaben- wie auch eine Mitarbeiterorientierung haben können

⇒ Das Führungsverhalten hängt jedoch stark von der individuellen Persönlichkeit ab

⇒ Durch geeignete Schulungen kann das Führungsverhalten optimiert werden, ist aber nicht beliebig veränderbar

Das Managerial Grid besteht aus zwei Achsen, die in jeweils neun Einheiten unterteilt werden. Daraus können fünf charakteristische Führungsstile abgeleitet werden.

Der **ideale und effektivste Führungsstil** nach Blake und Mouton **stellt der 9.9-Stil** (= hohe Sach- und Menschorientierung) **dar.**

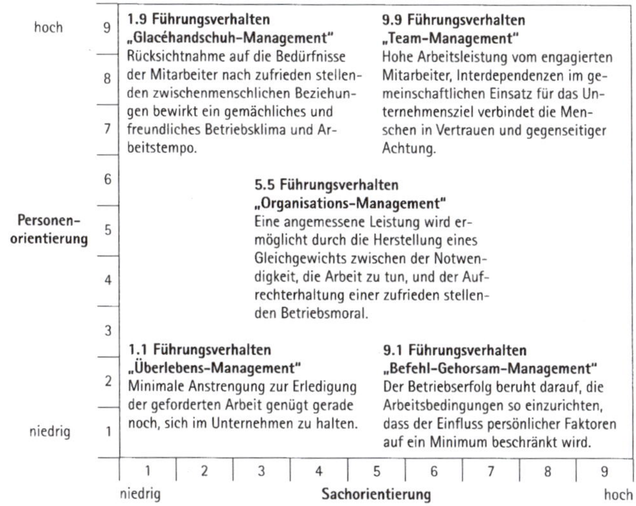

Quelle: Jung, Personalwirtschaft, München 2003

• 1,1-Führungsstil:	Sehr schwache Einflussnahme der Führungskraft
• 9,1-Führungsstil:	Stark aufgabenorientierte, autoritäre Führung
• 1,9 Führungsstil:	Die Belange der Mitarbeiter stehen im Vordergrund
• 5,5-Führungsstil:	Balance beider Orientierungen in einem Kompromiss aus Aufgaben- und Personenorientierung
• 9,9-Führungsstil:	Die Beziehungen sind durch Vertrauen und Respekt geprägt **Das Ziel ist, ein maximales Leistungsergebnis bei bestmöglicher Berücksichtigung der menschlichen Aspekte zu erreichen.**

DREIDIMENSIONALE FÜHRUNGSSTILE

Zu den dreidimensionalen Führungsstilen gehört das situative Führen.

Was versteht man unter situativem Führen?

?

DEFINITION SITUATIVES FÜHREN

Situatives Führen bedeutet, dass die Führungskraft in unterschiedlichen Situationen ein angemessenes Führungsverhalten zeigt. Die Führungskraft beweist damit, dass sie je nach Situation erkennt, wie die betreffenden Mitarbeiter zu führen sind.

! **BEACHTE**

Der situative Führungsstil ist kein eigener Führungsstil.

Von folgenden Faktoren hängt der „richtige" Führungsstil ab:

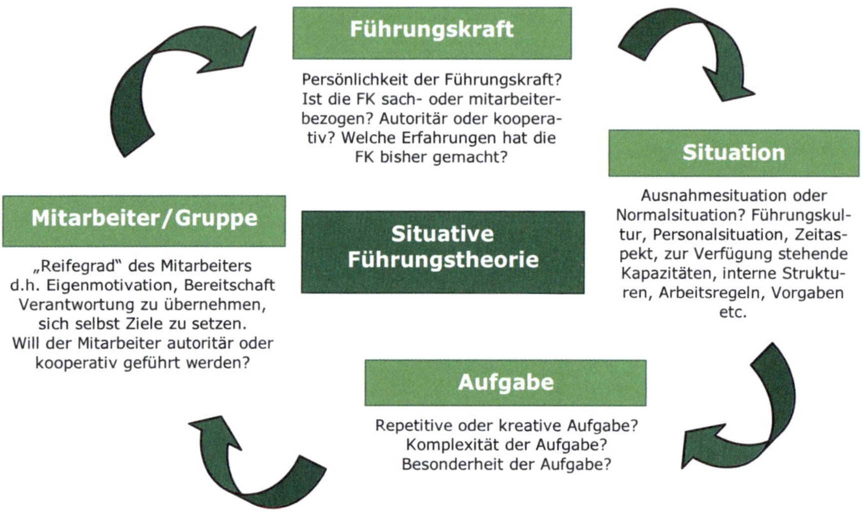

Der in einem Unternehmen praktizierte Führungsstil beeinflusst die Einstellung der Mitarbeiter zur Arbeit und damit ihr Arbeitsverhalten und ihre Leistungswilligkeit.

Aber, es gibt in der Praxis weder gute noch schlechte Führungsstile, oder den einzigen richtigen oder falschen Stil. Wichtig ist, dass die Führungskraft nicht nach "Schema F", sondern situativ führt, d.h. **unterschiedliche Situationen erfordern unterschiedliche Arten von Führung**.

Bsp:.

- Einen hoch motivierten und engagierten Mitarbeiter kann man mit einem autoritären Führungsstil regelrecht ausbremsen.
  Konsequenz: Große Kompetenz der Mitarbeiter und hohe Motivation sprechen für einen delegierenden Führungsstil
- Einen unsicheren oder demotivierten Mitarbeiter kann man durch einen demokratischen oder laissez faire Führungsstil überfordern.
  Konsequenz: Je geringer die erforderlichen Fähigkeiten und Motivationen für die zu lösenden Aufgabe, umso eher ist der autoritäre Unterweisungsstil geeignet

Es ist Aufgabe der Führungskraft, die jeweils spezifische Führungssituation zu erfassen und den geeigneten Führungsstil und das ideale Führungsmittel zu wählen.

FÜHRUNGSVERHALTEN NACH MCGREGOR

Nach der **XY-Theorie von McGregor** hängt das Führungsverhalten vom Menschenbild des Vorgesetzten ab.

Hierbei können zwei idealtypische Führungsbilder unterschieden werden:

X-Theorie :
Mensch als träges, inaktives Wesen, der abgeneigt ist Arbeit zu verrichten

- Der Mensch verabscheut die Arbeit, deshalb muss er kontrolliert, geführt und unter Strafandrohung gezwungen werden, im Sinne des Unternehmens zu arbeiten
- Der Mensch will keine Verantwortung tragen, ist passiv, antriebsarm, desinteressiert und nicht ehrgeizig

Konsequenz des X-Menschenbildes:
Führungskraft führt durch
Kontrolle und Strafe, autoritärer Führungsstil, keine Rücksichtnahme auf die Bedürfnisse der Mitarbeiter

Y-Theorie:
Mensch, als sich entwickelndes Wesen, der der Arbeit nicht abgeneigt ist

- Der Mensch will Leistung erbringen, sucht Verantwortung, setzt sich Ziele, strebt nach Selbstverwirklichung und Selbstkontrolle
- Der Mensch ist engagiert, fleißig, eigenmotiviert, interessiert und kreativ
- Der Mensch wird durch ein positives Erleben in der Tätigkeit selber motiviert. Spaß, Freude oder Interesse an der Tätigkeit stehen im Vordergrund

Konsequenz des Y-Menschenbildes:
Führungskraft führt durch
Motivation und Einbeziehung der Mitarbeiter, kooperativer Führungsstil, Beachtung der Wünsche des Mitarbeiters

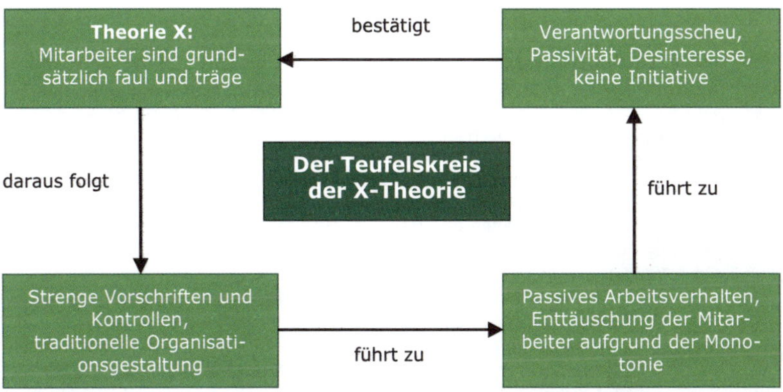

Und umgekehrt führt die **verstärkende Wirkung des Y-Menschenbildes** zu Engagement und Verantwortungsbereitschaft für die Arbeit.

FÜHRUNGSMODELLE

DEFINITION FÜHRUNGSMODELLE

Führungsmodelle treffen Aussagen darüber, wie die Praxis der Führung in einer Organisation vollzogen werden soll (Führungsprinzipien).
Führungsmodelle bieten Leitlinien für das Handeln von Vorgesetzten und Orientierungsrahmen für die Mitarbeiter hinsichtlich des erwarteten Arbeitsstils.
⇒ Führungsmodelle = **Management-by-Techniken**

Mit dem Einsatz von Führungsmodellen soll folgendes erreicht werden:

- Abstimmung der Organisationsstruktur mit der Management-Konzeption
- Vereinheitlichung des Führungsverhaltens aller Vorgesetzten eines Unternehmens
- Abstecken des Rahmens der Zusammenarbeit zwischen Führungskraft und Mitarbeiter
- Vorgesetzte werden von Routineaufgaben entlastet, dadurch bleibt mehr Zeit für Führungsaufgaben
- Sie bieten dem Mitarbeiter größere Handlungsfähigkeit und dadurch höhere Motivation und Zufriedenheit

! **BEACHTE**

Führungsmodelle sind mit dem Betriebsrat abzustimmen und sie sind den Mitarbeitern bekannt zu geben.

Folgende wichtige Management-by-Modelle gibt es:

Management by Delegation (MbD)	**Führen durch Übertragung von Aufgaben, Kompetenzen und Verantwortung** d.h. klar abgegrenzte Aufgabenbereiche werden mit entsprechender Verantwortung und Kompetenz an Mitarbeiter (über Stellenbeschreibungen) übertragen.
Management by Objektives (MbO)	**Führen durch Zielvorgabe/Zielvereinbarung** Anstelle der Aufgabenorientierung erfolgt eine Zielorientierung. Grundgedanke ist, dass sich gute MA dadurch auszeichnen, dass sie vorgegebene Ziele erreichen.
Management by Exception (MbE)	**Führen durch Ausnahmeregelung** d.h. der Vorgesetzte greift nur bei im Vorhinein festgelegten Ausnahmetatbeständen ein.
Management by Results	**Führen durch Ergebnisvorgabe** bei dezentraler Führungsorganisation.
Management by Participation	**Führen durch Teilhabe** Dieses Prinzip zielt darauf ab, dass Mitarbeiter bei der Lösung von Fragestellungen stärker in den Prozess integriert werden.

Management by Motivation	**Führen durch Motivation.** Das Modell zielt darauf ab, dass die individuellen Bedürfnisse der Mitarbeiter berücksichtigt werden.
Management by Communication	**Führen durch Information und Kommunikation.** Alle Mitarbeiter sollen möglichst viel wissen und umfassend informiert sein.
Management by Direction and Control	**Führen durch Anweisung und Kontrolle** durch den Vorgesetzten. Autoritäres Führungsprinzip.

Wie hängen Führungsverhalten und Betriebsklima zusammen?

?

DEFINITION BETRIEBSKLIMA

Unter Betriebsklima versteht man die allgemeine Einstellung aller Beschäftigten zum Betrieb.

In der Praxis wird das Betriebsklima eher wie eine Art Wetterlage aufgefasst, die in den vielfältigsten Ausprägungen erscheint und von sonnig (harmonisches Miteinander) bis gewittrig (Mobbing) reichen kann.

Da das Betriebsklima großen Einfluss auf Motivation und Arbeitsfreude der Mitarbeiter hat, die sich durch höhere bzw. niedrigere Produktivität bemerkbar machen, sollte es im Interesse eines jeden Unternehmers liegen, in die Verbesserung des Betriebsklimas zu investieren.

Wichtige Einflussfaktoren auf das Betriebsklima sind insbesondere Anerkennung und Sinnvermittlung durch die Führungskräfte. Daneben spielen aber auch Arbeitszeit und Bezahlung eine wichtige Rolle.

BEACHTE

Besonders gut ist das Betriebsklima nicht etwa, wenn keine Konflikte mehr existieren, sondern wenn Konflikte nicht mehr zu Eskalation und Wertschöpfungsverlusten führen.

!

ZIELVEREINBARUNGEN UND ZIELE

DEFINITION ZIELVEREINBARUNGEN

Zielvereinbarungen sind verbindliche Absprachen zwischen zwei hierarchischen Ebenen für einen festgelegten Zeitraum, über die zu erbringenden Leistungen und/oder zu erreichenden Wirkungen/Ergebnisse, über die hierzu bereitgestellten Ressourcen und über die Kontrolle der Zielerreichung.

⇒ **Führen mit Zielvereinbarung = Management by Objectives (MbO)**

Gesamtziele des Unternehmens

Teilziele je Abteilung des Unternehmens
Die Führungsebenen erarbeiten zusammen mit der Unternehmensleitung Ziele, die die jeweilige Führungskraft in ihrem Bereich realisieren soll.

Detaillierte Teilziele des einzelnen Arbeitsplatzes
durch Konkretisierung zwischen Vorgesetztem und Mitarbeiter.
Der Aufgabenbereich und die Verantwortung des Mitarbeiters wird nach dem Ergebnis festgelegt, das von ihm erwartet wird.

Systematische und regelmäßige Kontrolle
evtl. Maßnahmen einleiten, die die Zielerreichung ermöglichen oder Anpassung des Ziels

Grundregeln für eine Zielvereinbarung:

- Der Mitarbeiter muss wissen, was seine Ziele mit dem Erfolg des Unternehmens zu tun haben
- Ziele müssen widerspruchsfrei (SMART) formuliert sein
- Ziele müssen eine gewisse Beständigkeit aufweisen und dürfen nicht jährlich in eine neue Richtung gehen
- Ziele müssen immer in Bezug zur konkreten Aufgabe des Mitarbeiters formuliert werden
- Zielvereinbarungen müssen sich immer auf die wichtigsten Punkte konkretisieren
- Ziele des Unternehmens, des Vorgesetzten und des Mitarbeiters müssen voneinander abhängen

!

BEACHTE

Der Betriebsrat hat bei der Einführung von Zielvereinbarungen ein Mitbestimmungsrecht nach §§ 87 und 94 BetrVG.

Aus welchen Gründen werden Zielvereinbarungen mit Mitarbeitern getroffen?

?

Zielvereinbarungen sind für den Mitarbeiter wichtig und erleichtern der Führungskraft die Führungsaufgaben, denn ...

- der Mitarbeiter erhält eine Orientierung, wie seine Arbeit zum Erfolg des Unternehmens beiträgt, denn Zielvereinbarungen sind zukunfts- und ergebnisorientiert
- Zielvereinbarungen führen zu mehr Transparenz
- der Mitarbeiter kann sich aktiv an der Zielfindung beteiligen
- der Mitarbeiter erhält Klarheit über seine Entwicklungsmöglichkeiten im Unternehmen
- Zielvereinbarungen können sich auf unterschiedliche Teilbereiche wie fachliche Ziele, Zusammenarbeit oder individuelle Entwicklung und Qualifizierung beziehen

Vorteile der Zielvereinbarung/ des Management by Objektives	Nachteile der Zielvereinbarung/ des Management by Objektives
• Förderung der Eigeninitiative, Verantwortungsbereitschaft und Selbstregulierungsfähigkeit der Mitarbeiter • Höhere Motivation der Mitarbeiter durch persönliche Erfolgserlebnisse • Partizipative Führung, Identifikation der Mitarbeiter mit den Unternehmenszielen • Mitarbeiter können ihr Handeln an klaren Zielen ausrichten • Mitarbeiter können dadurch objektiv beurteilt, leistungsgerecht bezahlt sowie effektiv gefördert werden • Mehr Handlungsspielraum der Mitarbeiter bei der Erledigung der Aufgaben • Mehr Entscheidungsspielraum für die Vorgesetzten • Steigerung der Effizienz von Planung und Organisation im Unternehmen • Entlastung der Führungskräfte von Routinetätigkeiten	• Schwierigkeiten und Konflikte bei der Zielvereinbarung und bei evtl. Zielanpassung • Erhöhung des Leistungsdrucks auf den einzelnen Mitarbeiter • Benachteiligung qualitativer Ziele gegenüber quantitativen, denn der Schwerpunkt liegt auf quantifizierbaren Zielen • Hoher Zeitaufwand • Hoher formaler Aufwand (Papierkrieg)

Wie sollen Ziele formuliert werden?

?

Ziele sollen SMART formuliert sein.
SMART ist ein Akronym für "specific, measurable, achievable, relevant/realistic, timely" und dient im Projektmanagement als Kriterium zur eindeutigen Definition von Zielen im Rahmen einer Zielvereinbarung.

S	Spezifisch	Was genau will ich erreichen? Ziele müssen eindeutig definierbar sein
M	Messbar	Wie kann ich die Zielerreichung messen? (wer, was, wann, wie viel, wie oft)
A	Angemessen (Attraktiv)	Ist das Ziel interessant, herausfordernd, motivierend, aber auch erreichbar?
R	Realistisch (Relevant)	Kann das Ziel in der vorgegebenen Zeit, unter den gegebenen Umständen erreicht werden? Ziele sollen bedeutsam sein d.h. einen Mehrwert bringen
T	Terminiert	Bis wann soll das Ziel erreicht sein?

Ziele, die sich im Inhalt, Ausmaß und Zeit messen lassen, nennt man **operationalisierte Ziele**.

? Welche Zielarten gibt es?

Es gibt **qualitative** (nicht monetäre) **und quantitative** (monetäre) Ziele.

Qualitative Ziele	Quantitative Ziele
• Streben nach Selbständigkeit • Servicesteigerung • Qualitätsverbesserung • Verbesserung des Umweltschutzes (ökologische Ziele) • Verbesserung der work-life-balance • Verbesserung der Familienfreundlichkeit • Verbesserung der Zusammenarbeit zwischen bestimmten definierten Bereichen • Verbesserung des Betriebsklimas	• Gewinnmaximierung • Ertragssteigerung bei gleichem Aufwand • Umsatzmaximierung • Kostenminimierung bei gleicher Leistungsmenge • Liquiditätsoptimierung • Zunahme der Marktanteile • Reduzierung der Lagerbestände • Abbau von x-Stellen bei gleicher Leistung

? Welche Zielbeziehungen gibt es?

Zielbeziehungen sind die Beziehungen zwischen mehreren Unternehmenszielen zueinander.
Es gibt **komplementäre, konkurrierende und indifferente** Ziele.

Komplementäre Ziele	Mit Erhöhung des Grades der Zielerreichung des einen Ziels **erhöht** sich auch der Grad der Zielerreichung des anderen Ziels. Bsp.: Bei gleichem Umsatz leistet das Ziel „Senkung der Gemeinkosten" einen Beitrag zum Ziel „Gewinnmaximierung"
Konkurrierende Ziele	Mit Erhöhung des Grades der Zielerreichung des einen Ziels **schmälert** sich auch der Grad der Zielerreichung des anderen Ziels. Bsp.: Das Ziel „Erhöhung des Umweltschutzes" führt aufgrund notwendiger finanzieller Investitionen kurz- oder mittelfristig zu einer Verschlechterung des Ziels „Kostensenkung"
Indifferente Ziele	Grad der Zielerreichung der beiden Ziele sind voneinander entkoppelt. Bsp.: Das Ziel „Verringerung des CO^2 -Ausstoßes" hat keinen Einfluss auf das Ziel "Steigerung der Mobilität der Arbeitnehmer"

Welche Zielkategorien werden unterschieden?

?

Ziel der Führung ist es, Leistung zu erzeugen (Veränderungsziele), Leistung zu erhalten (Erhaltungsziele) sowie Leistung zu steigern (Innovationsziele).

Erhaltungsziele	Erhaltungsziele dienen der Erhaltung einer Leistung im jetzigen Status Quo Was kann bzw. muss getan werden, damit die Leistung des Mitarbeiters so gut bleibt wie bisher? Bsp.: Weiterbildung eines Mitarbeiters, um Aufgaben und Anforderungen gewachsen zu bleiben
Veränderungsziele	Veränderungsziele beziehen sich auf Aufgaben, die in der Vergangenheit nicht gut erfüllt wurden, die also verbesserungsbedürftig sind. Was kann bzw. muss verändert werden, damit der Mitarbeiter die vereinbarten Ziele/Ergebnisse erfüllt? Bsp.: Änderung des Verhaltens des Mitarbeiters
Innovationsziele	Bei den Innovationszielen werden Neuerungen, wie neue Verfahren, neue Techniken, neue Entwicklungen oder Veränderungen vereinbart. Was sollte ausprobiert werden? In welchem Arbeitsbereich soll etwas Neues ausprobiert werden? Welche neuen Aufgaben soll der Mitarbeiter zukünftig übernehmen? Bsp.: Veränderung des Aufgabenbereichs des Mitarbeiters

Teil 5

Anwenden von Führungsmethoden und –techniken einschließlich Vereinbarungen entsprechender Handlungsspielräume, um Leistungsbereitschaft und Zusammenarbeit der Mitarbeiter zu fördern

5.1 Motivation

DEFINITION MOTIVATION

Unter Motivation versteht man die innere Bereitschaft für eine konkrete Situation oder Herausforderung, ein bestimmtes Verhalten zu zeigen.

Motivation kann als Energetisierung des aktuellen Verhaltens in Richtung Zielerreichung verstanden werden, also eine aktivierte Verhaltensbereitschaft eines Individuums.
=> Motivation ist die Voraussetzung für zielgerichtetes Verhalten

Motiv	+	Anreiz	=	Aktion
Antrieb zum Handeln aufgrund **Bedürfnissen und Erwartungen** Bsp.: Hunger, Durst		Dem **Mitarbeiter Handlungsanreize bieten** wie Sicherheit, Geld, Kompetenz, Status, Leistung		Bewirken eines **Verhaltens** des Mitarbeiters **in Richtung Zielerreichung**

BEACHTE
Ein Mitarbeiter, der an seinem Arbeitsplatz zufrieden ist, bringt eine höhere Leistung, als ein unzufriedener Mitarbeiter. Die wesentliche Führungsaufgabe ist daher die Zufriedenheit des Mitarbeiters im Auge zu behalten.

!

? Welche 2 Motivationsarten werden unterschieden?

Die Motivationsarten beschreiben unterschiedliche psychologische Anreizmodelle für das menschliche Verhalten:

Direkte, primäre, intrinsische, innere Motivation (Eigenmotivation)	**Indirekte, sekundäre, extrinsische, äußere Motivation (Fremdmotivation)**
Motivation kommt **von innen heraus**; sie muss nicht fremd angeregt werden	Motivation wird **von außen angeregt** und gesteuert; sie kommt nicht aus dem Mitarbeiter selbst

Hier wird aus Spaß und hohem Interesse am Thema gelernt

Typische Beispiele:
Leistungsmotiv, Kompetenzmotiv, Geselligkeitsmotiv
wie Interesse am Thema/an der Sache, Spaß, Selbstverwirklichung, Ehrgeiz, Leistungsfreude, Reiz des Neuen und Unbekannten, Neugier, Erkenntnisstreben, Problemlösungsinteresse

Intrinsische Motivation beruht auf selbstbestimmten Faktoren, die jeder Einzelne für sich als wichtig erachtet; **das Handeln stimmt mit der Auffassung überein** - man ist bestrebt, eine Sache voll und ganz zu beherrschen

Lernen ist nur Mittel zum Zweck, um entweder die Belohnung (materiell wie immateriell) zu erhalten, oder die Strafe (z.B. Kritik) zu vermeiden

Typische Beispiele:
- **Geldmotiv**: Gehaltserhöhung, Beförderung
- **Prestigemotiv**: soziales Prestige, Anerkennung, Belobigung
- **Sicherheitsmotiv**: keine Bestrafung, keine disziplinarische Maßnahmen, keine Kündigung

Extrinsische Motivation wird von Dritten mit dem Ziel vorgegeben, jemanden zu einem gewünschten Verhalten zu motivieren; **Handeln ist nur Mittel zum Zweck**, um eine von der Handlung trennbare Konsequenz zu erlangen

? Wie kann der Industriemeister die Motivation bei seinen Mitarbeitern fördern?

Der Industriemeister hat folgende Möglichkeiten, auf die Motivation seiner Mitarbeiter einzuwirken:

- Kooperatives Führungsverhalten, Wertschätzung, Lob und Anerkennung
- Anwendung von Kreativitäts- und Motivationstechniken
- Unterstützung gemeinsamer Arbeiten, Bildung von teilautonomen Arbeitsgruppen, Durchführung von Projekten, Workshops usw.
- Förderung des BVWs und des KVP-Prozesses
- Geeignete Personalentwicklungs- und Weiterbildungsmaßnahmen

MOTIVATIONSTHEORIE VON MASLOW

Die Maslow'sche **Bedürfnispyramide** beruht auf einem vom US-amerikanischen Psychologen Abraham Maslow 1943 veröffentlichten Modell, **um Motivationen von Menschen zu beschreiben**.

Die menschlichen Bedürfnisse können nach einer bestimmten Rangordnung eingeteilt werden, die Maslow in Pyramidenform darstellte.
Erst wenn die Bedürfnisse einer unteren Stufe gestillt sind, strebt der Mensch nach Bedürfnissen der nächst höheren Stufe. Oder anders ausgedrückt: Die nächsthöhere Stufe wird erst erklommen, wenn die tiefer gelegene Schicht ihm keine Probleme mehr macht.

Es ist als Führungskraft wichtig, zu kennen und zu erkennen, auf welcher Motivationsebene sich der Mitarbeiter befindet, da ein Mensch immer nur nach der nächsthöheren Ebene strebt und die aktuell erreichte Ebene nicht verlieren möchte.

Aber, es ist auch klar, dass jeder Mitarbeiter ein individuelles Maß und einen individuellen Umfang für jede Eigenschaft in jeder Bedürfnisstufe hat. Dem einen genügt z.B. ein Minimum an materieller Absicherung, andere haben ein höheres Sicherheitsbedürfnis.

Die Hierarchie der Bedürfnisse (Bedürfnispyramide):

? Was hat das Modell von Maslow mit Arbeitszufriedenheit zu tun?

Ein Mitarbeiter ist zufrieden, wenn seine Bedürfnisse gestillt sind.

	Entwicklungspsychologisch	Arbeitsplatzbezogen
Grundbedürfnisse	Schlaf, Nahrung, Kleidung, Wohnung, humaner Arbeitsplatz, Lebensunterhalt, Freizeit	Beachtung von Tages-, Wochen und Jahresrhythmus, Arbeitszeit, Pausen, Überstunden, Schichtarbeit, Freizeit Urlaubsregelungen
Sicherheits- und Schutzbedürfnisse	Physische und ökonomische Sicherheit wie Gesundheit, sicherer Arbeitsplatz, Altersversorgung	Sicheres Einkommen, krisenfester und "unfallsicherer" Arbeitsplatz, Betriebliche Altersvorsorge, Kündigungsschutz
Soziale Bedürfnisse	Zwischenmenschliche Bedürfnisse wie Gruppenzugehörigkeit, Freundschaft, Akzeptanz durch Mitmenschen, Kommunikation	Gute Kommunikation, Mitarbeitergespräche, Team- oder Gruppenarbeit, Weiterbildung, Treffen mit Kollegen, Betriebsausflüge
Ich-bezogene Bedürfnisse	Anerkennung, Prestige, Macht, Status, Wertschätzung, hohes soziales Ansehen, Karriere, Respekt	Übernahme von Zuständigkeiten, Berufserfolg, Statussymbole, Aufstieg
Bedürfnis nach Selbstverwirklichung	Wunsch nach Selbsterfüllung und Selbstentfaltung: Entfaltung der eigenen Persönlichkeit, Einsatz eigener Fähigkeiten, sich weiterentwickeln, Erfolgserlebnisse haben, Streben nach Unabhängigkeit	Entscheidungsspielraum, Berufliche Weiterentwicklung, Zielvereinbarungen, Erfolgserlebnisse

ZWEI-FAKTOREN-THEORIE VON HERZBERG

Herzbergs Zwei-Faktoren-Theorie ist eine **Theorie zur Arbeitszufriedenheit und Arbeitsmotivation**.

Hygienefaktoren

Nicht Unzufriedenheit ⟷ Unzufriedenheit

= **Faktoren, deren Fehlen Unzufriedenheit hervorruft, deren Vorhandensein aber nicht die Zufriedenheit erhöht**.
Grundidee der Hygienefaktoren: Hygiene in der Medizin heilt zwar nicht, schützt aber vor einer Ausweitung der Krankheit.
Häufig werden diese Faktoren gar nicht bemerkt oder **als selbstverständlich betrachtet**.
Sind sie aber nicht vorhanden, empfindet man dies als Mangel.
Die Hygienefaktoren bilden die Grundlage für ein gesundes Betriebsklima.

- Entlohnung, Arbeitsbedingungen
- Personalführung, Führungsstil, Führungsklima
- Zwischenmenschliche Beziehungen
- Unternehmenspolitik

Motivatoren

Arbeitszufriedenheit ⟷ Nicht Zufriedenheit

= Motivatoren (**=Zufriedenmacher**) können Zufriedenheit herstellen und kommen aus dem Arbeitsinhalt.
Motivatoren dienen als Anreize, um die Zufriedenheit zu erhöhen; ihr Fehlen führt aber nicht zwangsläufig zur Unzufriedenheit.

Das Streben nach Wachstum und Selbstzufriedenheit steht im Mittelpunkt. Der Mitarbeiter möchte sich als Mensch entfalten und nur dann entsteht echte und andauernde Zufriedenheit.

- Leistung, Erfolg, Anerkennung
- Arbeitsinhalt, Verantwortung, Selbständigkeit
- Aufstieg und Beförderung
- Selbstbestätigung

Was hat das Modell von Herzberg mit Arbeitszufriedenheit zu tun?

?

- Die Untersuchungen des amerikanischen Wissenschaftlers Herzberg zeigen ein zweidimensionales Bedürfnissystem auf. Es besteht aus **Entfaltungs- und Entlastungsbedürfnissen**.
- **Der Mensch - so Herzberg - möchte alles vermeiden, was das Leben anstrengend und kompliziert macht**.
- Äußere Arbeitsbedingungen (Hygienefaktoren) wie Organisationsstruktur, Führungsklima, Entgelt und zwischenmenschliche Beziehungen sind für den Menschen kein Grund zur besonderen Zufriedenheit.
- Dem Mitarbeiter geht es eher um Entfaltungsfaktoren, welche zu seiner Zufriedenheit führen. Herzberg nennt diese Faktoren Motivatoren. Dazu zählen
  - das Gefühl, etwas zu schaffen
  - sachliche Anerkennung
  - Verantwortung sowie berufliche und persönliche Weiterentwicklung

INNOVATION/KREATIVITÄT

Innovationen und Kreativität sind unbestritten der Schlüssel, um neue Herausforderungen zu meistern und um wettbewerbsfähig zu bleiben.
Globalisierung, verkürzte Technologie- und Produktlebenszyklen, wachsender Preis- und Kostendruck, veränderte Kundenwünsche und neue Wettbewerber haben in den Unternehmen dazu geführt, Innovationsprozesse einzuführen.
Aber, die Innovationen müssen nicht immer außergewöhnlich sein, auch vergleichsweise kleine Schritte führen zum Erfolg.

DEFINITION INNOVATION

Das Wort Innovation ist von den lateinischen Begriffen novus „neu“ und innovatio „etwas neu Geschaffenes“ abgeleitet. Innovation heißt damit wörtlich „Neuerung“ oder „Erneuerung“.
Im allgemeinen Sprachgebrauch wird der Begriff unspezifisch im Sinne von neuen Ideen und Erfindungen und für deren wirtschaftliche Umsetzung verwendet.

DEFINITION KREATIVITÄT

Kreativität ist die Fähigkeit eines Individuums, neuartige, phantasievolle, schöpferische, originelle, wertvolle bzw. nützliche Ideen hervorzubringen oder an Probleme heranzugehen und diese zu lösen.

? Welche zwei Arten der Kreativität unterscheidet man?

Assoziative Kreativität	Künstlerische, originäre Kreativität
Assoziieren bedeutet Gedankenverbindungen aufstellen, gedanklich verbinden/verknüpfen => Es geht darum, Gedanken innerhalb eines Wissensbereiches zu verknüpfen	Originär bedeutet eigenständig, grundlegend neu, nicht abgeleitet, schöpferisch => Schöpfen von neuen eigenständigen, nicht abgeleiteten, Ideen

Voraussetzungen des kreativen Denkens sind ...

- Offenheit und Toleranz
- Mut, Selbstvertrauen aber auch Risikobereitschaft
- Initiative, gedankliche Flexibilität
- Teamfähigkeit
- Wissen, Neugierde, Aufgeschlossenheit

? Welche Kreativitätstechniken kann der Industriemeister einsetzen?

Brainstorming/ Brainwriting	Phase 1: Die Teilnehmer sollen - ohne jede Einschränkung - Ideen produzieren und sich gegenseitig inspirieren, indem sie bereits geäußerte Ideen aufgreifen und kombinieren. Phase 2: Ergebnisse sortieren und bewerten d.h. die Ideen werden gruppiert und in der Gruppe bewertet.
Morphologischer Kasten	Für eine Fragestellung werden die bestimmenden Merkmale festgelegt und untereinander geschrieben. Dann werden alle möglichen Ausprägungen des jeweiligen Merkmals rechts daneben geschrieben, wodurch eine Matrix entsteht. Danach wird aus jeder Zeile eine Ausprägung des Merkmals gewählt. Mit dieser Kombinationen von Ausprägungen werden Ideen entwickelt.
Methode 635 (Variante von Brainwriting)	**6 Personen entwickeln 3 „erste" Lösungsvorschläge, die sie in ein Formular eintragen** (Zeit ca. 5 Minuten). Jedes Blatt wird dann von allen gleichzeitig, im Uhrzeigersinn, weitergereicht. Der Nächste soll versuchen, die bereits genannten Ideen aufzugreifen, zu ergänzen und weiterzuentwickeln. Dieses geschieht **5 Mal** (6 Teilnehmer, je 3 Ideen, 5 mal weiterreichen). So entstehen innerhalb von 30 Minuten bis zu 108 Ideen: 6 Teilnehmer x 3 Ideen x 6 Reihen.
Progressive Abstraktion	Bei der progressiven Abstraktion entfernt man sich vom Problem, indem man das **Problem auf der nächsthöheren Ebene sucht.** Dies geschieht durch Fragen wie "Wofür ist das eigentlich gut?" "Wie könnte das noch gehen?"

Kreativitätsblockaden können sein ...

- Kritik, wenig Lob
- Killerphrasen
- Angst vor Blamage und Misserfolg
- Monotonie
- Angst vor Veränderung
- Fixiertes Denken
- Zu viel Ordnung oder zu viel Chaos
- Mangel an Interesse

Welche Möglichkeiten bestehen, Innovation bzw. Kreativität im Unternehmen zu initiieren?

?

Grundsätzlich können Innovationen nicht befohlen werden. Aber, es kann ein Klima geschaffen werden, das Kreativität der Mitarbeiter ermöglicht und fördert.

- Eine gelebte innovationsfördernde und kreative Unternehmenskultur mit starker Einbindung der Mitarbeiter
- Einführen eines Betrieblichen Vorschlagswesens BVW
- Einführen eines Kontinuierlichen Verbesserungsprozesses KVP
- Einrichten von Qualitätszirkeln
- Umkehrung von Fehlschlägen im Sinne von „aus den Fehlern lernen"
- Initiative zur Innovation z.B. Ausschreibung eines Wettbewerbs
- Kreativitätsfördernder Führungsstil
- Verbesserung der Teamarbeit
- Aufnahme von Wünschen der Kunden und der Zulieferer
- Beteiligung von Forschungsinstituten
- Prämierung der besten unternehmensinternen Erfindung
- Kreatives, anregendes Umfeld
- Einrichtung teilautonomer Gruppen

BEACHTE

Innovation ist ein Prozess, der von den Mitarbeitern entdeckt und genutzt sowie vom Unternehmen umgesetzt und institutionalisiert werden muss.

!

5.2 Mitarbeitereinsatz, Delegation von Aufgaben und Kontrolle

Bei welchen personalen Maßnahmen ist der Einfluss des Industriemeisters besonders groß? ?

Früher war die Personalarbeit ausschließlich der Personalstelle zugeordnet. Heute hat der Industriemeister "vor Ort" unterschiedliche personelle Aufgabenstellungen und damit auch mehr Einfluss bei entsprechenden Maßnahmen wie

- Personaleinstellung
- Personaleinsatz
- Personalabbau
- Personalentwicklung

Aber, selbstverständlich sind die Kompetenzabgrenzungen zwischen Fach- und Personalbereich von Betrieb zu Betrieb sehr unterschiedlich und sie richten sich nach der jeweiligen Organisationsstruktur.

MITARBEITEREINSATZ

DEFINITION MITARBEITEREINSATZ

Unter Mitarbeitereinsatz versteht man die optimale Zuordnung von Arbeitnehmern auf bestimmte Stellen. Dabei werden die Fähigkeiten und Fertigkeiten des Mitarbeiters mit den Anforderungen des Arbeitsplatz abgeglichen d.h. **der richtige Mitarbeiter an der richtigen Stelle**.

Eine gelungene Planung des Mitarbeitereinsatzes ist im betrieblichen Alltag eines der Hauptziele des Industriemeisters.

Die Zuordnung des Mitarbeiters erfolgt insbesondere in qualitativer und quantitativer Sicht.

Quantitative Zuordnung des Mitarbeiters	Bei der quantitativen Zuordnung der Mitarbeiter geht es darum, die **optimale Anzahl** der Personen für die Erfüllung der Unternehmensaufgaben und Unternehmensziele zu haben. Instrumente: REFA-Verfahren, Absatzpläne, Produktionspläne, Schichtpläne, Stellenpläne
Qualitative Zuordnung des Mitarbeiters	Bei der qualitativen Zuordnung werden die **Anforderungen der Arbeitsplätze** (Instrumente: Anforderungsprofil, Stellenbeschreibung) **den Eignungsprofilen der Mitarbeiter** (Instrumente: Eignungsprofil, Mitarbeiterbeurteilung, Potenzialanalyse, Beobachtung, Befragung, Assessment Center) **gegenübergestellt**.

Wichtige Instrumente des Mitarbeitereinsatzes:

Stellenplan	Zeigt alle Stellen eines Unternehmens zu einem bestimmten Zeitpunkt auf, unabhängig davon, ob sie besetzt sind oder nicht. Er kann als Organigramm oder in Listenform dargestellt werden. **= Soll-Charakter, personenunabhängig**
Anforderungsprofil	Systematische und detaillierte Beschreibung der Art und Ausprägung der typischen und wesentlichen Arbeitsanforderungen einer Stelle, denen der Stelleninhaber gerecht werden muss. **= Stellenbezogen**
Stellenbeschreibung	Beschreibt die Stelle. **In der Stellenbeschreibung sind die wesentlichen Inhalt einer Stelle aufgelistet** wie: Bezeichnung der Stelle, Einordnung der Stelle in die Unternehmensorganisation, Über-/Unterstellung, Regelung der Stellvertretung, Ziele der Stelle, Hauptaufgaben, Befugnisse/ Vollmachten, Anforderungsprofil
Eignungsprofil	Summe aller fachlichen und persönlichen Eignungen eines Mitarbeiters oder Bewerbers. Eignungsprofile bilden das Gegenstück zum Anforderungsprofil. **= Mitarbeiterbezogen**
Assessment Center	Ein Assessment Center ist eine seminarähnliche Veranstaltung (1 bis 3 Tage), in deren Verlauf Beobachter mehrere Teilnehmer in unterschiedlichen **praxisrelevanten Testsituationen** beobachten und aufgrund der unmittelbaren Beobachtung sowie **anhand von vorher definierten Kriterien beurteilen**.

Welche Punkte sind bei der Arbeitsplanung und bei der Arbeitsanweisung zu beachten?

?

Der Industriemeister muss den Einsatz - und evtl. auch Weiterbildungsmaßnahmen - der Mitarbeiter systematisch planen. Er muss die Mitarbeiter ihren Kenntnissen und ihrer Eignung nach entsprechend einsetzen. Zu berücksichtigen sind die Arbeitsmenge, die Anforderungen an die Arbeitsplätze sowie die Mitarbeiterbeurteilung oder das Eignungsprofil.

Trotz optimal besetzter Arbeitsplätze muss der Industriemeister reagieren können z.B. bei Ausfall von Mitarbeitern, Veränderungen der Produktionsmenge, technischen Problemen, defekten Maschinen oder fehlerhaftem Material.

Nach der Planung der Arbeit durch den Industriemeister wird die Arbeit an die Mitarbeiter verteilt. Bei manchen Aufgaben ist eine **Arbeitsanweisung** notwendig, die knapp und präzise formuliert sein soll, die Arbeit genau bezeichnet, Mengen und Termine angibt, Qualitätsvorgaben enthält, Anweisungen begründet und zu selbständigem Handeln ermutigen soll.

Der Industriemeister kann sich dabei an den sieben W-Fragen orientieren:
Was soll getan werden? Wer soll es tun? Wann soll etwas begonnen bzw. erledigt sein? Wie soll es erledigt werden? Womit soll etwas getan werden? Wo soll es getan werden? Warum soll es so und nicht anders getan werden?

DELEGATION/DELEGIERUNG

DEFINITION DELEGATION/DELEGIERUNG

Delegieren bedeutet, Arbeiten von einer "höheren Ebene" auf eine niedrigere abzugeben.

Dem Mitarbeiter muss ein klar abgegrenzter Aufgabenbereich mit entsprechender Verantwortung und Kompetenz übertragen werden.

Ziel + **Aufgabe** + **Kompetenz**

Beim Delegieren muss genau geprüft werden, welche Aufgaben übertragen werden sollen und können. Wichtig ist auch die Kompetenzabgrenzung.

Beachte:
Klassische Führungsaufgaben wie Zielsetzung und Planung von Aufgaben, Einstellung von Mitarbeitern, Entlassung eines Mitarbeiters, Abmahnung, Kompetenzabgrenzung, Kontrolle der Mitarbeiter, Leistungsbeurteilung usw. dürfen **nicht delegiert** werden.

? Welche Ziele verbinden der Vorgesetzte und der Mitarbeiter mit der Delegation (Vorteile der Delegation)?

Ziele des Vorgesetzten	Ziele des Mitarbeiters
• Arbeitsentlastung ⇒ Möglichkeit Prioritäten zu setzen ⇒ Mehr Zeit des Vorgesetzten für Führungsaufgaben • Förderung der Leistungsmotivation, Eigeninitiative und Verantwortungsbereitschaft des Mitarbeiters • Personalentwicklung der Mitarbeiter	• Selbstverwirklichung und Arbeitszufriedenheit • Übernahme von Eigeninitiative und Verantwortung • Förderung seiner Fähigkeiten • Unter Beweis stellen seiner Fähigkeiten und Fertigkeiten ⇒ Möglichkeit, auf sich aufmerksam zu machen im Hinblick auf den nächsten Karriereschritt

Weitere Vorteile des sinnvollen Delegierens:

- Know-how und Experteneigenschaft der Mitarbeiter wird optimal genutzt
- Aufgaben, Kompetenzen und Verantwortung liegen in einer Hand
- Entscheidungen werden auf der Ebene getroffen, die von der Sache her zuständig ist

? Welche Voraussetzungen benötigt eine Führungskraft zum sinnvollen Delegieren?

Die **Führungskraft** benötigt zum effektiven Delegieren folgende Voraussetzungen:

- Die Fähigkeit zu delegieren
- Die Bereitschaft der Führungskraft, Aufgabe, Zielsetzung plus dazugehörende Verantwortung und Entscheidungsrahmen an Mitarbeiter zu delegieren
- Kenntnis um die vorhandenen Mitarbeiterpotentiale und Vertrauen zu den Mitarbeitern
- Mitarbeiter entsprechend (auch organisatorisch) vorzubereiten und zu unterstützen, damit die Aufgaben mit dem jeweiligen Qualitätsstandard erfüllt werden
- Keine Rückdelegation zulassen
- Festlegen, welche Aufgaben delegiert werden können und welche nicht
- Genaue Arbeitsanweisungen geben und Formen der Kontrolle vereinbaren

! **BEACHTE**

Bei den **Mitarbeitern** setzt die Delegation notwendige Kompetenzen sowie die Bereitschaft zur Verantwortungsübernahme voraus.

Welche Verantwortungsbereiche beim Delegieren liegen zum einen beim Mitarbeiter und zum anderen bei der Führungskraft?

Der **Mitarbeiter trägt die Handlungsverantwortung** d.h. er ist für all das verantwortlich, was er in seinem Delegationsbereich tut oder zu tun unterlässt, wie

- im Rahmen des Delegationsbereichs selbständig zu handeln und zu entscheiden
- den Vorgesetzten in außergewöhnlichen Fällen zu konsultieren
- den Vorgesetzten unaufgefordert über den delegierten Bereich zu informieren

Handlungsverantwortung
= Verantwortung für zielgerichtete Aufgabenerledigung und die Nutzung des abgesteckten Kompetenzbereichs

Der **Vorgesetzte trägt die Führungsverantwortung** d.h. er trägt die Verantwortung dafür, dass er seine Pflichten gegenüber seinen Mitarbeitern erfüllt, wie

- den Mitarbeitern Ziele setzen und die Schwerpunkte ihrer Tätigkeit bestimmen
- dafür zu sorgen, dass die ihm unterstellten Bereiche mit entsprechend qualifizierten Mitarbeitern besetzt werden
- die Mitarbeiter über alles informieren, was ihren Aufgabenbereich betrifft

Beachte:
Die Führungsverantwortung bleibt immer beim Vorgesetzten d.h. sie ist nicht delegierbar!

Welche Probleme/Fehler können beim Delegieren auftreten?

Probleme beim Delegieren können sowohl im Verhalten des Vorgesetzten wie auch im Verhalten des Mitarbeiters auftreten.

Probleme im Verhalten des Vorgesetzten

- Willkürliches Eingreifen des Industriemeisters in die delegierten Aufgaben
- Unzulässiges Zurücknehmen der delegierten Aufgabe trotz guter Leistung des Mitarbeiters
- Keine Bereitschaft zur Delegation
- Nicht delegierbare Aufgaben werden delegiert
- Kein Vertrauen in die Mitarbeiter oder Sorge, dass Delegation Autoritätsverlust bei den Mitarbeitern verursacht

Probleme im Verhalten des Mitarbeiters

- Rückdelegierung des Mitarbeiters an den Vorgesetzten
- Delegierte Aufgabe stellt eine Unter- oder Überforderung dar
- Mitarbeiter will keine Verantwortung tragen
- Mitarbeiter verlangt - aufgrund der höherwertigeren Aufgabe - mehr Lohn

? Wie führt man inhaltlich ein Delegationsgespräch?

- Begründung der Auswahl des Mitarbeiters
- Beschreibung der Aufgabe, insbesondere mit den zu erwartenden Ergebnissen und Zielen
- Zeitrahmen, Terminstellung und Endtermin
- Rahmenbedingungen, Ressourcen und Budget
- Kompetenzen, Verantwortung und Handlungsvollmacht
- Informationsverlauf: Wie viel Feedback wird vom Mitarbeiter erwartet
- Persönliche Unterstützung durch die Führungskraft zusagen, ermutigen und Vertrauen aussprechen (Wo braucht der Mitarbeiter Hilfe?)
  Aber: Rückdelegation verhindern!

(ARBEITS)KONTROLLE

DEFINITION KONTROLLE

Unter Kontrolle versteht man eine Über-/Nachprüfung bzw. die Durchführung eines Vergleichs zwischen Soll- und Ist-Zustand.

Kontrolle ist erforderlich, ...

⇒ um das Erreichen der Ziele zu gewährleisten
⇒ um Effizienz sicherzustellen
⇒ um bei Fehlern/Abweichungen schnell gegensteuern zu können im Sinne des vereinbarten Ziels
⇒ um die Ursachen für Fehler/Abweichungen zu ermitteln und zu beheben
⇒ zur Förderung der Arbeitsmotivation
⇒ um dem Mitarbeiter ein Feedback zu geben

? Welche Arbeitskontrollverfahren gibt es?

Kontrolle ist mit unterschiedlichen Kontrollverfahren möglich. Diese werden unterschieden nach ...

... der Häufigkeit	**Vollkontrolle** oder **Stichprobenkontrolle**
... der Art der Durchführung	**Selbstkontrolle** oder **Fremdkontrolle**
... dem Gegenstand der Kontrolle	**Ergebniskontrolle** oder **Zwischen- oder Tätigkeitskontrolle**

Welche Vorteile und welche Nachteile haben die Kontrollverfahren?

?

	Vorteile	Nachteile
Selbstkontrolle	• Hohe Motivationswirkung bei qualifizierten und qualitätsbewussten Mitarbeitern	• Das Vertuschen von Fehlern/ Abweichungen ist möglich • Wenn das Ergebnis der Selbstkontrolle dem Vorgesetzten nicht mitgeteilt wird, kann eine Korrektur nicht oder nur zu spät erfolgen • Es wird möglicherweise zu wenig Sorgfalt in die eigene Kontrolle gelegt
Fremdkontrolle	• Hoher Sicherheitsgrad	• Kann die Motivation hemmen
Vollkontrolle	• Totale Sicherheit • Abweichungen sind sofort korrigierbar	• Demotivierend • Hoher Aufwand • Hohe Kosten
Stichprobenkontrolle	• Abweichungen relativ zeitnah korrigierbar	• Wenn nicht klar kommuniziert wird, kann Misstrauen erzeugt werden
Ergebniskontrolle	• Sach- und zielorientiert • Die Freiheit in der Arbeitsweise ermöglicht mehr Initiative und Kreativität • Förderung der Motivation und des Arbeitsinteresses	• Bei Abweichungen kann nur schwierig oder gar nicht mehr korrigiert werden • Evtl. Schaden möglich • Kein Hinweis wie das Ergebnis erreicht wurde
Zwischen- oder Tätigkeitskontrolle	• Laufend Einwirkungsmöglichkeiten • Geringe Motivationsbeeinträchtigung	• Zu häufige Kontrolle wird als störend empfunden • Hoher Zeitaufwand

Welche Grundsätze muss der Industriemeister bei der Besprechung der Kontrollergebnisse beachten?

?

⇒ Grundsätzlich ist das Maß der Kontrolle der Arbeitssituation anzupassen
⇒ Die notwendigen Kontrollen müssen konsequent durchgeführt werden
⇒ Kontrollen erfüllen nur dann ihre Funktion, wenn die Kontrollergebnisse dem Mitarbeiter rasch mitgeteilt werden
⇒ Die Kontrollergebnisse müssen angemessen, unmittelbar, leistungsbezogen und sachlich vermittelt werden
⇒ **OSKAR-Merkregel zur Durchführung der Kontrolle**

OSKAR-Merkregel:

O = offen
S = sachlich
K = klar
A = abgesprochen
R = rücksichtsvoll

5.3 Qualifizierungsbedarf und Qualifizierungsmaßnahmen

Die Förderung der Mitarbeiter ist die zentrale Aufgabe der Führungskraft. Stärken und Schwächen der Mitarbeiter sind zu ermitteln. Stärken sind zu fördern und auszubauen, Schwächen sind soweit wie möglich auszuräumen.

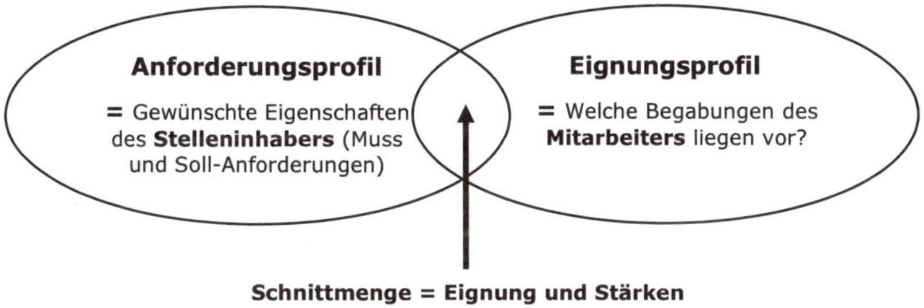

BERUFLICHE WEITERBILDUNG

DEFINITION BERUFLICHE WEITERBILDUNG

Unter der beruflichen Weiterbildung versteht man die Fortsetzung oder Wiederaufnahme des organisierten Lernens nach der Berufsausbildung.
Und zwar alle betrieblich veranlassten und/oder finanzierten Maßnahmen, die dazu dienen, beruflich relevante Kompetenzen zu erhalten, anzupassen, zu erweitern oder zu verbessern.

Es ist Aufgabe des Industriemeisters den Weiterbildungsbedarf seiner Mitarbeiter zu ermitteln, festzustellen, welche Maßnahmen zu veranlassen sind und geeignete Maßnahmen in die Wege zu leiten.

? Welche Bedeutung hat die berufliche Fort– und Weiterbildung?

Bedeutung der beruflichen Fort– und Weiterbildung:

- Erhaltung, Anpassung oder Erweiterung der **beruflichen Handlungsfähigkeit**
- Eröffnung des **beruflichen Aufstiegs**
- **Erhaltung und Sicherung des Arbeitsplatzes**
- **Schnelle Anpassungsfähigkeit** an technischen und wirtschaftlichen Wandel
- **Zukünftige Herausforderungen meistern**
  wie fortschreitende technische Entwicklung, hohes Innovationstempo, fortschreitende Informations– und Kommunikationstechnologien, ansteigende Informationsmenge und Wissenspotenzial
- Verbesserung der Leistungsfähigkeit

? Welche Auswirkungen hat die kontinuierliche Weiterbildung für den Mitarbeiter, für den Vorgesetzten und für das Unternehmen?

Auswirkungen für den Mitarbeiter	Auswirkungen für den Vorgesetzten	Auswirkungen für das Unternehmen
Der Mitarbeiter ermöglicht sich durch die kontinuierliche Weiterbildung • Chancen im Unternehmen und auf dem Arbeitsmarkt • Sicherheiten in Bezug auf die Aufgabenstellungen • Weiterentwicklung im fachlichen und sozialen Bereich	• Für den Vorgesetzten bedeutet die Planung der Weiterbildungsmaßnahmen einen nicht unerheblichen Aufwand • Er erreicht aber durch gut ausgebildete Mitarbeiter eine Mobilität und Flexibilität seiner Mitarbeiter • Die **Lernziele** sind ⇒ **kognitiv** (Fachwissen) ⇒ **affektiv** (Verhalten) und ⇒ **psychomotorisch** (praktische Fähigkeiten und Fertigkeiten)	• Die Weiterbildung ist aus betrieblicher Sicht ein Teil der Personalentwicklung und der Unternehmensentwicklung • Erhaltung und Verbesserung der Wettbewerbsfähigkeit des Unternehmens • Sicherung des notwendigen Bestands an Fach- und Führungskräften • Erhöhung der fachlichen, methodischen und sozialen Qualifikationen der Mitarbeiter

Welche Arten der betrieblichen Weiterbildung gibt es?

Arten der betrieblichen Weiterbildung

Anpassungs-qualifizierung	Aufstiegs-qualifizierung	Erhaltungs-qualifizierung	Erweiterungs-qualifizierung
Notwendige Anpassung zur Bewältigung veränderter Anforderungen des Arbeitsplatzes → Qualifizierung ist notwendig, um die bisherige Tätigkeit weiterhin ausführen zu können Bsp.: EDV-Lehrgang bei Einführung neuer Software-Programme	**Zielt auf eine Übernahme höherer Funktionen bzw. Positionen der nächsthöheren Hierarchieebene (Aufstieg)** → Mitarbeiter bekommt notwendiges Wissen als Führungskraft vermittelt Bsp.: Weiterbildung zum Personalfachkaufmann, Handelsfachwirt, Betriebswirt, Bilanzbuchhalter	**Dient der Erhaltung des für die Arbeitsaufgabe notwendigen Wissens** und zum Ausgleich von Fertigkeitsverlusten, die durch fehlende Ausübung des Berufes entstanden sind Bsp.: Auffrischen von Fremdsprachenkenntnissen, Wiedereinstieg nach Elternzeit	**Vermittlung von zusätzlichen Kenntnissen** zur notwendigen Erweiterung der Fähigkeiten und Fertigkeiten Bsp.: Zusätzliche Fremdsprachenkenntnisse oder Kenntnisse von Computerprogrammen, die noch nicht im Beruf benötigt werden

In welchen Schritten geht der Industriemeister typischerweise bei der Planung und Durchführung von Bildungsmaßnahmen vor?

Bei der Ermittlung des Qualifikationsstandes und des Weiterbildungsbedarfs zur Planung und Durchführung der Weiterbildungsmaßnahmen geht der Industriemeister in folgenden Schritten vor:

Schritte	Instrumente	Beschreibung
1. Schritt: Ermittlung der Anforderungen an die Stelle (Anforderungsprofil) = Soll-Analyse	Anforderungsprofil, Stellenbeschreibung, Aufgabenanalyse, Anforderungsanalyse, Stellendaten	Analyse der aktuellen und zukünftigen Arbeitsanforderungen für die (geplante) Stelle. Es gibt Muss-Anforderungen und Soll-Anforderungen
2. Schritt: Ermittlung der Mitarbeiterqualifikation (Eignungsprofil) = Ist-Analyse	Frühere Beurteilungen, Vorgesetztenbefragung, Tests, Assessment Center, Arbeitsproben, Workshops, Potenzialanalysen, Personalakte, Personalentwicklungsgespräche	Analyse der aktuellen Qualifikationen und der Potenziale des Mitarbeiters

3. Schritt: Ermittlung der Interessen des Mitarbeiters	**Mitarbeiterbefragung** der Wünsche durch freie Abfrage im Gespräch oder durch einen strukturierten Fragebogen	Bei der Ist-Analyse sollen auch die Entwicklungswünsche und Interessen des Mitarbeiters ermittelt werden
4. Schritt: Feststellung des Weiterbildungsbedarfs und der Fördermaßnahmen = Soll-Ist-Vergleich	**Abweichanalyse, Profilvergleichsanalyse**	Der Soll-Ist-Vergleich (=**Vergleich des Anforderungsprofils mit dem Eignungsprofil)** ermöglicht eine genaue Bewertung der einzelnen Anforderungen und führt zur Formulierung des Weiterbildungsbedarfs und der Ableitung spezifischer Personalentwicklungsziele
5. Schritt: Planung des Weiterbildungsinhalts	**W-Fragen** (siehe unten)	Nach der Feststellung des Bedarfs erfolgt die Planung der Weiterbildungsmaßnahme(n)
6. Schritt: Präsentation dieser Ergebnisse vor den Vorgesetzten	Präsentation, Vortrag	Ohne das O.K. des Vorgesetzten/der Unternehmensleitung können Weiterbildungsmaßnahmen nicht realisiert werden
7. Schritt: Realisierung des Weiterbildungskonzeptes	Externe oder interne Durchführung der Qualifizierungsmaßnahmen, externer oder interner Trainer	Bei Weiterbildungsmaßnahmen ist es wichtig sich zu entscheiden, ob die Bildungsmaßnahme intern oder extern durchgeführt werden soll und ob ein externer oder interner Trainer die Maßnahme durchführen soll
8. Schritt: Kontrolle und Transfer der Weiterbildungsmaßnahme	Überprüfung der Weiterbildungsmaßnahme anhand konkreter Ziele/Kennzahlen, Ergebnisplan, Befragung, Feedback	Nur durch Kontrollen kann überprüft werden, ob die Maßnahme erfolgreich war, also ob die Ziele effizient erreicht wurden

Folgende Fragen ermöglichen es, Weiterbildungsmaßnahmen zu planen und zu organisieren:

Was? Welche Inhalte sollen vermittelt werden?	Feststellung des Bildungsbedarfs, Definition der **Lernziele/ des Lernzwecks** und der **Lerninhalte**, Auswahl und Strukturierung des Stoffplans
Wie soll die PE-Maßnahme gestaltet sein?	Wahl der **Instrumente und Methoden**, Wahl der Hilfsmittel und **Medien**, die den Lernprozess unterstützen, Wahl der Transfersicherungsmöglichkeit, Teilnehmeranzahl
Wann und wie lange soll die PE-Maßnahme durchgeführt werden?	Welche Voraussetzungen müssen bis zum Beginn der Maßnahme erfüllt sein? Wahl des geeigneten **Zeitpunktes** und der **Dauer** (des Zeitrahmens) der Maßnahme
Wer soll teilnehmen? Wer soll die Maßnahme durchführen?	Definition der **Zielgruppe/Teilnehmergruppe**, Auswahl des **Trainers** d.h. Personalentwickler im Haus oder fremder Trainer?
Wo soll die Maßnahme durchgeführt werden?	**Intern/extern?** Am Arbeitsplatz? **Räumlichkeiten?**
Wozu soll die Maßnahme durchgeführt werden?	Welcher Abschluss/welches Ziel soll erreicht werden? Kosten-Nutzen-Verhältnis? Ergebnisplan/Transfersicherung

Bei Weiterbildungsmaßnahmen ist es wichtig sich zu entscheiden,
- ob die **Bildungsmaßnahme intern oder extern** durchgeführt werden soll
- ob ein **externer oder interner Trainer** die Maßnahme durchführen soll

Welche Vorteile bietet es, eine Bildungsmaßnahme intern bzw. extern durchzuführen?

?

Vorteile intern	Vorteile extern
• räumliche Nähe zur Arbeit • neu erworbenes Wissen kann - bei Bedarf- direkt am Arbeitsplatz umgesetzt werden • Zeit- und Kostenersparnis • Betriebsgeheimnisse bleiben im Unternehmen • Verbesserung des Kontakts zwischen den Mitarbeitern des Unternehmens • Flexibilität	• räumlicher, zeitlicher und innerer Abstand zur Arbeitstätigkeit • Kontakt und Informationsaustausch zu betriebsfremden Kollegen • Ideenvielfalt und höhere Kreativität durch Zusammentreffen mit Teilnehmern aus anderen Unternehmen • größere Unbefangenheit der Teilnehmer, da der Teilnehmerkreis unbekannt ist • klarer zeitlicher Rahmen für die Maßnahme • externe Bildungsträger verfügen oftmals über bessere Seminarräumlichkeiten, Medien, Ausrüstung und Tools

Welche Vorteile und Nachteile bieten interne bzw. externe Trainer?

?

Interner Trainer	Externer Trainer
Vorteile • Der interne Trainer kennt die Mitarbeiter, Prozesse und das Unternehmen - es kann daher schneller zur Sache gekommen werden • Betriebsspezifische Besonderheiten sind bekannt, Themen werden unternehmensspezifisch bearbeitet • Kostengünstiger • Anerkannte Kompetenz, die auch nach der Maßnahme als Ansprechpartner zur Verfügung steht **Nachteile** • Eventuell eingeschränkter Blickwinkel • Keine neuen Ideen von außen • Wird unter Umständen nicht anerkannt („Prophet im eigenen Land") • Eventuell fehlende methodische, pädagogische und medientechnische Kenntnisse des internen Trainers	**Vorteile** • Keine Betriebsblindheit, anderer Blickwinkel • Neue Ideen und neue Wege • Keine Scheu, denn er geht wieder • Er hat keine Seilschaften im Unternehmen • Anonymer für die Mitarbeiter • Hohe pädagogische und methodische Kenntnisse **Nachteile** • Höhere Kosten • Kennt keine Betriebsabläufe, Strukturen und Mitarbeiter • Zeitaufwändiges „Briefing" notwendig • Braucht mehr Zeit für den Vertrauensaufbau mit den Teilnehmern

RECHTSGRUNDLAGEN DER BERUFLICHEN WEITERBILDUNG

Grundsätzlich ist es für den Betrieb eine **freie unternehmerische Entscheidung, ob** er Bildungsmaßnahmen durchführt oder nicht. Dies kann weder vom Betriebsrat noch von den Arbeitnehmern erzwungen werden.
Allerdings, wenn sich das Unternehmen entschließt, Bildungsmaßnahmen einzurichten und durchzuführen, so hat es die **Beteiligungsrechte des Betriebsrats** zu beachten.

Der Betriebsrat hat folgende Mitwirkungs- und Mitbestimmungsrechte bei der Berufsbildung:

96 Abs.1 BetrVG	• Arbeitgeber (AG) und Betriebsrat (BR) haben die Berufsbildung der Arbeitnehmer (AN) zu fördern • AG hat auf Verlangen des BRs mit diesem über Fragen der Berufsbildung zu beraten; der BR kann hierzu Vorschläge machen
96 Abs.2 BetrVG	• AG und BR haben darauf zu achten, dass den Arbeitnehmern die Teilnahme an Maßnahmen der Berufsbildung ermöglicht wird – unter Berücksichtigung der betrieblichen Notwendigkeiten • AG und BR haben in diesem Zusammenhang auch die Belange älterer AN zu berücksichtigen
97 BetrVG	• AG und BR haben über die Einrichtung und Ausstattung betrieblicher Einrichtungen zur Berufsbildung, die Einführung betrieblicher Bildungsmaßnahmen sowie über die Teilnahme an außerbetrieblichen Bildungsmaßnahmen zu beraten
98 Abs.1-6 BetrVG	• Der BR hat bei der Durchführung von Maßnahmen der betrieblichen Berufsbildung mitzubestimmen. Im Streitfall entscheidet die Einigungsstelle • Der BR kann der Bestellung einer Person, die mit der Durchführung der betrieblichen Berufsbildung beauftragt ist (= Ausbilder), widersprechen oder ihre Abberufung verlangen • Der BR kann Vorschläge bei der Auswahl der Teilnehmer aus der Arbeitnehmerschaft machen. Im Fall der Nichteinigung entscheidet die Einigungsstelle • Der BR hat bei der Organisation, Inhalt und der zeitlichen Lage der Maßnahme mitzubestimmen

QUALIFIZIERUNGSGESPRÄCH

DEFINITION QUALIFIZIERUNGSGESPRÄCH

Unter einem Qualifizierungsgespräch versteht man ein Gespräch zwischen Vorgesetztem und Mitarbeiter, bei dem - unter Berücksichtigung der betrieblichen Möglichkeiten und der Eignung und Neigung des Mitarbeiters - die berufliche Entwicklung sowie die dafür notwendigen Förder- und Bildungsmaßnahmen abgestimmt werden
= Personalentwicklungsgespräch/Fördergespräch

Der Vorgesetzte ist im Sinne seiner Führungsverantwortung aufgefordert, praktische Wege der mittel- und langfristigen Entwicklung seiner Mitarbeiter zu überlegen und zu konkreten Vereinbarungen von Fördermaßnahmen mit dem Mitarbeiter zu gelangen.

Grundlage:	Zukünftige Anforderungen an den Mitarbeiter zur Aufgabenerledigung
Gesprächsziel:	Festlegung der Qualifizierungsmaßnahmen des Mitarbeiters in einem Qualifizierungsplan
Gesprächsinhalt:	Zukünftige Entwicklungsmöglichkeiten des Mitarbeiters (= betriebliche Bedürfnisse) und Vorstellungen bzw. Wünsche des Mitarbeiters (= persönliche Bedürfnisse)

In welchen Phasen läuft ein Qualifizierungsgespräch ab?

?

1. Phase: Einleitung	• Sich auf den Gesprächspartner einstellen • Aufbau einer positiven Gesprächsatmosphäre, Begrüßung und Gesprächsziel nennen • Benennung des bisherigen Aufgabengebietes des Mitarbeiters • Nennen der Stärken und Schwächen des Mitarbeiters
2. Phase: Sicht des Mitarbeiters	• Mitarbeiter schildert seine Sicht der Dinge, also seine Erwartungen, Wünsche und Interessengebiete im Hinblick auf seine weitere berufliche Entwicklung
3. Phase: Diskussion	• Vorgesetzter schildert seine Sicht der Dinge über die berufliche Entwicklung des Mitarbeiters unter Heranziehung der Ergebnisse der Mitarbeiterbeurteilungen • Diskussion über die bestehenden betrieblichen Möglichkeiten • Abstimmung über die künftigen Aufgaben oder Arbeitsziele und die dafür erforderlichen Maßnahmen

4. Phase: Fördermaßnahmen vereinbaren und Abschluss	• Festlegung der vereinbarten Fördermaßnahmen wie Schulungen, Nachfolgeplanung, Mitwirkung an Projekten, Übernahme von Verantwortung etc. • Erstellen einer groben Zeitplanung der vorgesehenen Förder- und Bildungsmaßnahmen und eventuell vereinbaren von Meilensteinen (d.h. bis wann muss was erreicht sein) sowie von weiteren Gesprächsterminen • Gesprächsabschluss
5. Phase: Nachbereitung	• Anfertigen eines Gesprächsprotokolls • Durchführung der Fördermaßnahmen • Systematische und regelmäßige Kontrolle der Ziele und der Fördermaßnahmen d.h. Was konnte realisiert werden und was nicht? Warum konnte es nicht realisiert werden? • Eventuell Anpassung der Fördermaßnahmen bzw. der Ziele

5.4 Mitarbeiterbeurteilung und Arbeitszeugnis

MITARBEITERBEURTEILUNG

DEFINITION MITARBEITERBEURTEILUNG

Eine Mitarbeiterbeurteilung ist eine planmäßige und systematische Beurteilung von Mitarbeitern, die durch den Vorgesetzten nach vorgegebenen Zeitabständen vorgenommen wird, wobei sich diese Beurteilung auf Beobachtungen innerhalb der alltäglichen Berufspraxis stützt.

Welche Beurteilungsarten werden unterschieden?

?

Leistungsbeurteilung

Eine Leistungsbeurteilung ist **vergangenheits- und gegenwartsbezogen**

- sie beurteilt die **in der Vergangenheit** geleistete **Arbeit des Mitarbeiters**

Fragestellung:
Welche Leistung erbrachte der Mitarbeiter in der Vergangenheit?

Potenzialbeurteilung

Eine Potenzialanalyse ist **zukunftsbezogen**

- sie beurteilt die **Prognose von Entwicklungsmöglichkeiten**, also die zukünftigen Fähigkeiten des Mitarbeiters in Bezug auf dessen Ressourcen

Fragestellung:
Welche Fähigkeiten sind zukünftig für die Aufgabenerledigung notwendig und können eingesetzt werden?

? Was ist der Zweck einer Mitarbeiterbeurteilung?

Die systematische und periodische Mitarbeiterbeurteilung ...

⇒ soll grundsätzlich die Personalentlohnung, die Personalentwicklung und den Personaleinsatz **objektiver und gerechter machen**
⇒ ermöglicht, Mitarbeiterpotenziale zu erkennen und zu nutzen
⇒ ermöglicht die zur-Verfügung-Stellung aktueller Daten, welche im Rahmen der Personaleinsatzplanung und Personalentwicklung verwendet werden können
⇒ ermöglicht Orientierung und Leistungsanreize für den Mitarbeiter
⇒ soll Mitarbeiterleistungen vergleichbar machen
⇒ ermöglicht die Einführung einer leistungsgerechten Entgeltermittlung durch die Bereitstellung von Leistungsdaten der Mitarbeiter (Grundlage für eine gerechte tarifliche Einstufung und für Sonderleistungen)
⇒ unterstützt den Führungsprozess
⇒ erhöht durch klare und transparente Rückmeldungen über Leistungen und Verhalten („Spiegelfunktion") die Motivation der Mitarbeiter
⇒ verbessert die eigene Einschätzung der Mitarbeiter durch Fremdeinschätzung

? Welche Ziele haben Mitarbeiterbeurteilungen aus Unternehmenssicht und aus Sicht der Mitarbeiter?

Ziele der Mitarbeiterbeurteilung aus Unternehmenssicht	Ziele der Mitarbeiterbeurteilung aus Mitarbeitersicht
• Objektivierung der betrieblichen Personalarbeit • Vergleichbarkeit der Mitarbeiterleistungen • Bessere Leistungs- und Potenzialerkennung und damit eine optimierte Nutzung von Mitarbeiterpotenzialen und eine bestmögliche Personaleinsatzplanung • Erhalt und Steigerung der Mitarbeiterleistung und der Motivationssteigerung • Aufdecken von Schwachstellen innerhalb der Organisation • Grundlage für Personalentwicklung und Personalförderung, da Leistungsdefizite erkannt werden • Förderung und Verbesserung der persönlichen Beziehung und Zusammenarbeit zwischen dem Vorgesetzten und dem Mitarbeiter durch gegenseitiges Feedback • Verbesserung der Führungsqualität	• Anerkennung des Arbeits- und Sozialverhaltens • Bessere Einschätzung der eigenen Stärken und Schwächen sowie Verbesserung der eigenen Einschätzung durch Fremdeinschätzung („Spiegelfunktion") • Abstimmung der persönlichen Ziele mit den betrieblichen Zielen • Schutz vor subjektiver und willkürlicher Bewertung durch ein systematisches Beurteilungsverfahren • Verbesserte Einschätzung realer Aufstiegsmöglichkeiten, Orientierungsmöglichkeit • Motivation und Leistungsanreiz • Förderung der Führungsqualität und der Verbesserung der persönlichen Beziehung und Zusammenarbeit • Individuelle Lohn- und Gehaltsfindung einschließlich Prämienzahlungen

Welche Voraussetzungen müssen für eine sinnvolle Mitarbeiterbeurteilung vorliegen? ?

- **Transparenz der Beurteilungsmodalitäten und des gesamten Beurteilungssystems (Schulung der Führungskräfte!)**
  d.h. Beurteilender und zu Beurteilende müssen über die Beurteilungsmodalitäten und Beurteilungskriterien Bescheid wissen, sowie Kenntnisse über Beurteilungsfehler und deren Vermeidung besitzen

- **Akzeptanz der Mitarbeiter** im Hinblick auf das Beurteilungssystem
  Daraus folgt, dass das Beurteilungssystem sorgfältig geplant und umgesetzt werden muss. Bei der Entwicklung sollten möglichst Schlüsselpersonen mitwirken.

- **Praxistauglichkeit**
  d.h. das Beurteilungssystems muss das natürliche Verhalten des Mitarbeiters im Arbeitsprozess erfassen

- **Qualität und Aussagekraft** des Beurteilungssystems sowie **Vergleichbarkeit der Beurteilungen**
  d.h. Beurteilungen müssen sich auf Beobachtungen stützen, sie müssen beschreibbar, bewertbar und vergleichbar sein und die Beurteilungen müssen **planmäßig**, also regelmäßig stattfinden

In welchen 4 Phasen soll eine Mitarbeiterbeurteilung erfolgen? ?

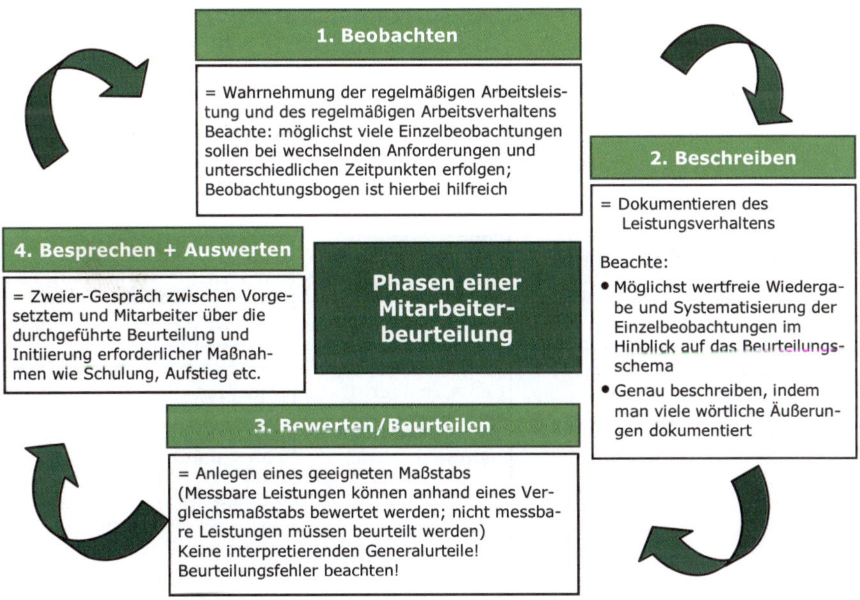

Welche Beurteilungsanlässe gibt es?

Es gibt planmäßige und außerplanmäßige Beurteilungsanlässe.

Planmäßige (= regelmäßige) Beurteilungsanlässe:

- Vor Ablauf der Probezeit = Probezeitbeurteilung
- Vor Beginn des gesetzlichen Kündigungsschutzes (6-Monatsfrist, § 1 KSchG)
- Im Rahmen der jährlichen klar definierten Gehaltsüberprüfung
- In bestimmten, klar definierten Zeitabständen
- Bei Auszubildenden: vor jedem Abteilungswechsel und am Ende der Berufsausbildung

Außerplanmäßige (= Einzelfall) Beurteilungsanlässe:

- Versetzung, Jobrotation
- Wechsel des unmittelbaren Vorgesetzten (Zweck: Ausstellung eines Zwischenzeugnisses)
- Beförderungen, besondere Fördermaßnahmen
- Auf besonderen Wunsch des Vorgesetzten und/oder des Mitarbeiters
- Außerplanmäßige Entgeltanpassung
- Austritt des Mitarbeiters/ Beendigung des Arbeitsverhältnisses durch Kündigung
- Beendigung eines Projektes

Welche Elemente hat ein strukturiertes Beurteilungssystem?

DEFINITION BEURTEILUNGSSYSTEME

Beurteilungssysteme sind Grundsätze für die Beurteilung der Mitarbeiter.

Beurteilungskriterien	+	Gewichtung	+	Ausprägung des Merkmals/ Bewertungsstufen
Z.B.: Arbeitsqualität, Arbeitsquantität, Arbeitssorgfalt, Arbeitseinsatz, Denkverhalten, mitmenschliches Verhalten, Fachkenntnisse, geistige Fähigkeiten, Zusammenarbeit, Ausdauer, Zuverlässigkeit, Verhalten zu Vorgesetzten und Mitarbeitern, bei Führungskräften auch Führungsverhalten		Unterschiedliche Gewichtung der Kriterien nach ihrer **Bedeutung für das Unternehmen**		Der **Beurteilungsmaßstab**, also die Skalierungen zu den einzelnen Merkmalen, ist festzulegen Z.B. **100 Punkte System**, Note 1-6, weit über Durchschnitt bis weit unter Durchschnitt

BEACHTE
Der Betriebsrat hat bei der Einführung eines Beurteilungssystems ein Mitbestimmungsrecht nach § 94 Abs.2 BetrVG.
Damit soll sichergestellt werden, dass das Beurteilungssystem möglichst objektiv und arbeitsrelevant gestaltet wird.

!

BEURTEILUNGSGESPRÄCH

Das Beurteilungsgespräch dient einer Einschätzung und qualifizierten Rückmeldung der Leistungen gemäß der Stellenbeschreibung bzw. der aktuellen Aufgaben.
Im Beurteilungsgespräch geht es darum, die Bewertung sämtlicher Beurteilungskriterien zu besprechen, um dem Mitarbeiter eine konkrete Rückmeldung über seine Arbeitsqualität, Effizienz und Arbeitsorganisation im abgelaufenen Zeitraum zu geben (Feedback). Der Mitarbeiter erhält genaue Angaben zu seinen Stärken und Schwächen, sowie zu den Erwartungen des funktionalen Vorgesetzten an ihn.

BEACHTE
Nach § 82 Abs.2 BetrVG kann der Mitarbeiter verlangen, dass mit ihm die Beurteilung seiner Leistungen besprochen wird
und er kann ein Betriebsratsmitglied hinzuziehen, wenn er das wünscht.

!

Wie ist das Beurteilungsgespräch vorzubereiten?

?

Organisatorische Vorbereitung	• Rechtzeitige Einladung mit Nennung des Anlasses • Termin und Ort nennen und den zu Beurteilenden bitten, sich auf das Gespräch vorzubereiten • Störungsfreier äußerer Rahmen gewährleisten d.h. keine Störungen, ausreichend Zeit, geeignete Räumlichkeiten, unter „Vier-Augen" etc.

Inhaltliche Vorbereitung	• Ziel des Gespräches erarbeiten (= Was will ich erreichen?)
	• Inhalt des Gespräches vorbereiten, wie
	  • Was wurde beim vorhergehenden Beurteilungsgespräch besprochen und was konkret vereinbart?
	  • Sammeln und strukturieren der Informationen, erstellen eines Fragenkatalogs, roter Faden
	  z.B. Welche konkreten Ergebnisse hat der Mitarbeiter erreicht? Was weiß ich über die Aufgaben des Mitarbeiters?
	  • Einstimmung auf den Gesprächspartner, insbesondere welche Argumente wird der Gesprächspartner vorbringen

? Wie ist das Beurteilungsgespräch durchzuführen?

Eröffnung	• Sich auf den Gesprächspartner einstellen, eine positive Atmosphäre schaffen, Hemmungen beseitigen
Konkrete Erörterung der positiven Gesichtspunkte	• Ggf. positive Veränderungen gegenüber der letzten Beurteilung hervorheben • Bewertung der positiven Fakten durch den Mitarbeiter • Beachte: Bewertung konkret durch Beispiele belegen, den Sachverhalt beurteilen nicht die Person, nur wesentliche Punkte ansprechen, den Mitarbeiter zu Wort kommen lassen, aktives interessiertes Zuhören, offene Fragen stellen, Argumente ernst nehmen
Konkrete Erörterung der negativen Gesichtspunkte	• Ggf. negative Veränderungen gegenüber der letzten Beurteilung erläutern → Beachte: Negative Punkte zukunftsorientiert darstellen • Bewertung der negativen Fakten durch den Mitarbeiter
Diskussion über künftiges Verhalten	• Strategien und Maßnahmen zur Vermeidung zukünftiger Fehler → Hilfe zur Selbsthilfe • Fördermöglichkeiten besprechen
Positiver Gesprächsabschluss mit Aktionsplan	• Wesentliche Punkte zusammenfassen und gemeinsam einen Maßnahmenplan festlegen • Positiver Ausgang des Gesprächs anstreben • Konkrete Maßnahmen: was/wie/wo/wann/wie lange und warum • Folgegespräche vereinbaren: Wann? Welche Aufgaben/Ziele? • Zuversicht vermitteln und Danken für das Gespräch

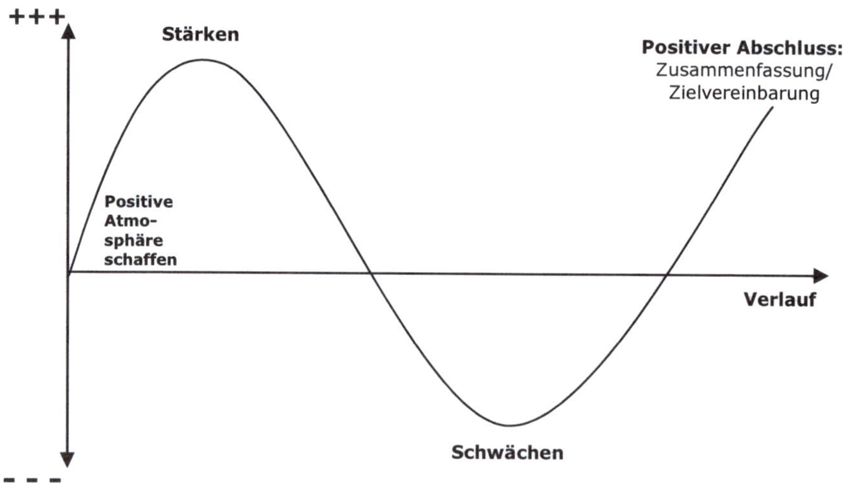

Welche Vorteile bieten richtig geführte Beurteilungsgespräche?

?

- Förderung einer vertrauensvollen Gesprächsbasis und der Zusammenarbeit
- Bessere Beteiligung der Mitarbeiter am betrieblichen Geschehen
- Förderung von Vertrauen zwischen Vorgesetztem und Mitarbeiter
- Abbau von Missverständnissen und Vorurteilen sowie Vermeidung von Gerüchten
- Ein Mitarbeiter, der sich ernst genommen fühlt, quittiert dies mit Übernahme von Verantwortung und Engagement
- Steigerung der Motivation und der Arbeitszufriedenheit

Welche Beurteilungsfehler treten bei Beurteilungsgesprächen häufig auf?

?

Nur wer die typischen Beurteilungsfehler kennt, kann sie auch vermeiden!
Bei jeder Beurteilung ist es wichtig, sich von gefühlsmäßigen Eindrücken weitestgehend frei zu machen und das Urteil auf tatsächliche und nachweisbare Einzelbeobachtungen zu gründen.

Beurteilungsfehler ergeben sich insbesondere durch
⇒ **Wahrnehmungsfehler** durch Selektion nicht wahrgenommener Aspekte
⇒ **Maßstabsfehler** durch unterschiedlichste Bewertung desselben Sachverhalts bei unterschiedlichen Mitarbeitern

Halo-Effekt	= Überstrahlungseffekt oder Hofeffekt Eine positive oder negative Eigenschaft (Einzeleindruck) eines Mitarbeiters überstrahlt alle anderen; von einer Eigenschaft wird auf andere Merkmale geschlossen.
Nikolaus-Effekt	Die Beurteilung basiert auf Verhaltensweisen, die erst in jüngster Zeit beobachtet wurden bzw. stattgefunden haben. Z.B. der Beurteilende beobachtet nicht über den gesamten Beurteilungszeitraum, sondern erst kurz vor deren Erstellung.
Vorurteile/ Stereotypenbildung	Hier verfälschen Vorurteile die Beurteilung. Aufgrund gesellschaftlicher Erfahrungen und/oder eigener Erziehung werden von Aussehen, sozialer Herkunft etc. bestimmter Menschen Rückschlüsse auf ihr Verhalten gemacht, z.B. Mitarbeiter mit nachlässiger Kleidung sind auch in der Leistung schlampig.
Erster Eindruck	= Primacy -Effekt Die zuerst erhaltenen Informationen und Eindrücke werden in der Beurteilung sehr viel stärker berücksichtigt als spätere Verhaltensweisen.
Kleber-Effekt	Mitarbeiter die über einen längeren Zeitraum nicht befördert wurden, werden unbewusst unterschätzt und entsprechend schlechter beurteilt.
Hierarchie-Effekt	Mitarbeiter einer höheren Hierarchieebene werden besser beurteilt als Mitarbeiter der darunter liegenden Ebenen.
Lorbeer-Effekt	In der Vergangenheit erreichte Leistungen (Lorbeeren) werden unangemessen stark berücksichtigt, obwohl sie sich in jüngerer Vergangenheit nicht mehr bestätigt haben.

Kontrastfehler	Ein leistungsschwacher Mitarbeiter erscheint in einer Gruppe von anderen Personen, die noch schwächer sind, plötzlich als scheinbar leistungsstark.
Ideologiefehler/ Sympathieeffekt	Gefühle wie Sympathie oder Antipathie beeinflussen die Beurteilung. Mitarbeiter mit gleicher Anschauung oder gleicher Einstellung des Beurteilers werden begünstigt.
Projektionsfehler	Die Stärken und Schwächen des Beurteilers werden auf den Beurteilten projiziert.
Egozentriefehler	**= Maßstabsfehler** Der Beurteiler nimmt sich als Maßstab, ohne die unterschiedliche Berufserfahrung und Ausbildung des Beurteilten zu berücksichtigen.
Mildefehler	Abgabe zu guter Beurteilungen, aufgrund zu hoher Kollegialität des Beurteilenden mit dem Beurteilten.
Tendenz zur Mitte	Bei einer Beurteilung werden alle Leistungsmerkmale mittig eingeschätzt. Hintergrund: Eine abweichende Beurteilung muss fachlich und sachlich begründet werden, aber Mitte bedeutet Durchschnitt. Der Beurteiler will unangenehmen Situationen ausweichen und nicht auffallen. Er ist zumeist nicht konfliktfähig.
Übernahmefehler	Frühere Beurteilungen werden ohne Hinterfragen und ohne weitere neuen Beobachtungen übernommen. Veränderungen in positiver und negativer Hinsicht werden damit nicht berücksichtigt.

ARBEITSZEUGNIS

Der Arbeitgeber hat gemäß **§ 109 GewO und § 630 BGB** dem Arbeitnehmer bei tatsächlicher Beendigung des Arbeitsverhältnisses ein schriftliches Arbeitszeugnis auszustellen (einklagbares Recht!).

Zweck des Arbeitszeugnisses:
Das Arbeitszeugnis dient einerseits als Bewerbungsunterlage für den Arbeitnehmer und andererseits als Information für den zukünftigen Arbeitgeber.

!

BEACHTE

⇒ Die elektronische Form ist beim Arbeitszeugnis nach § 630 S.3 BGB ausgeschlossen

⇒ Streitigkeiten der Parteien über die rechtliche Beendigung des Arbeitsverhältnisses entbinden den Arbeitgeber nicht von der Pflicht, das Zeugnis zu erstellen

⇒ Die Beweislast für die Richtigkeit und Vollständigkeit des Zeugnisses trägt der Arbeitgeber

Muss der Arbeitgeber ein Zwischenzeugnis ausstellen, wenn dies der Arbeitnehmer wünscht?

?

Grundsätzlich ist der Arbeitgeber - während des Bestehens eines Arbeitsverhältnisses - nur bei **berechtigtem Interesse** des Arbeitnehmers verpflichtet, ein Zwischenzeugnis auszustellen.

Beispiele für berechtigte Gründe:

- ⇒ Aufgabenwechsel
- ⇒ Wechsel des Vorgesetzten
- ⇒ Abteilungswechsel
- ⇒ Arbeitnehmer möchte sich bewerben
- ⇒ Erziehungsurlaub
- ⇒ Einberufung zu Wehr- oder Ersatzdienst
- ⇒ Arbeitnehmer benötigt das Zwischenzeugnis für eine Weiterbildungsmaßnahme

Erläutern Sie die zwei Zeugnisarten?

?

Das Arbeitsrecht unterscheidet zwei Zeugnisarten und zwar das einfache und das qualifizierte Arbeitszeugnis.

Einfaches Arbeitszeugnis, § 109 Abs.1 S.2 GewO	Qualifiziertes Arbeitszeugnis, § 109 Abs.1 S.2 GewO
Das einfache Zeugnis ist auch als **Arbeitsbescheinigung** oder Arbeitsquittung bekannt. Es enthält neben Angaben über die Person des Mitarbeiters ausschließlich Informationen über die Art und Dauer der Beschäftigung, den Beruf und einen Überblick über die Tätigkeiten.	Das qualifizierte Zeugnis muss alle wesentlichen Tatsachen und Bewertungen enthalten, die für eine Gesamtbeurteilung des Arbeitnehmers von Bedeutung sind.
• **Daten** des Arbeitnehmers (Vor- und Zuname, Geburtsdatum, Geburtstort) • **Art und Dauer** der Tätigkeit (genaue und vollständige Tätigkeitsbeschreibung) • **Erworbene berufliche Kenntnisse**, Fertigkeiten und Fähigkeiten des Arbeitnehmers • **Schlussformel** (kein Rechtsanspruch!) • **Ausstellungsdatum** • **Unterschrift**	**Zusätzlich** enthält ein qualifiziertes Arbeitszeugnis Angaben über • **Verhalten/Führung** • **Leistung** • **Besondere fachliche Fähigkeiten und Kenntnisse**

BEACHTE

Das qualifizierte Zeugnis wird nur **auf Verlangen** des Arbeitnehmers ausgestellt

!

? Welche Grundsätze sind beim Arbeitszeugnis zu beachten?

Wahrheit - Wohlwollen - Klarheit - Vollständigkeit

1. **Das Arbeitszeugnis muss wahr sein**
   Die Angaben müssen objektiv den Tatsachen entsprechen, es darf also keine falschen Angaben enthalten. Das Verschweigen wichtiger Tatsachen kann zu Schadensersatzansprüchen führen.

2. **Das Arbeitszeugnis muss wohlwollend formuliert sein**
   Der Maßstab der wohlwollenden Beurteilung findet seine Grenzen an der Wahrheitspflicht. Das Zeugnis muss wahr, aber auch wohlwollend sein. Beim „Zeugnis-Code" handelt es sich um Formulierungen, die sich an Schulnoten orientieren, aber sehr viel positiver klingen.

3. **Das Arbeitszeugnis muss klar abgefasst sein**
   Es muss inhaltlich klar und eindeutig formuliert sein. Es darf keine Merkmale oder Formulierungen enthalten, die den Zweck haben, eine andere als aus der äußeren Form oder aus dem Wortlaut ersichtliche Aussage über den Arbeitnehmer zu treffen.

4. **Das Arbeitszeugnis muss vollständig sein**
   Das Arbeitszeugnis muss auf alle Fragen eingehen, die für die Gesamtbeurteilung wichtig sind, um die notwendigen Schlüsse daraus ziehen zu können. Das Gebot der Vollständigkeit eines Zeugnisses bewirkt, dass offensichtliches Fehlen von Aussagen und Leistungen oder Verhalten des Arbeitnehmers als qualifiziertes Schweigen verstanden wird.

? In welcher Form ist ein Arbeitszeugnis herzustellen?

Das Zeugnis ist in verkehrsüblicher Form herzustellen d.h.

- es muss maschinenschriftlich auf gültigem Briefpapier der Firma/Behörde geschrieben sein => Din A 4 Firmenbogen
- vom Arbeitgeber selbst oder von einem für ihn handelnden Vertreter unterschrieben sein
- es darf keine Schreibfehler, Verbesserungen, Markierungen, Radierungen, Hervorhebungen, Unterstreichungen, Ausrufungszeichen, Fragen oder Anführungszeichen enthalten
- es darf keine Knicke oder Flecken haben
- es muss in sich schlüssig sein, es darf durch die Ausdrucksweise nicht zu Irrtümern oder Mehrdeutigkeiten führen
- es muss inhaltlich der Wahrheit entsprechen und wohlwollend formuliert sein
- das Ausstellungsdatum muss mit dem Beendigungstermin übereinstimmen - es darf aber zwei bis drei Tage vorher datiert sein

Was darf nach der Rechtsprechung nicht im Arbeitszeugnis stehen? ?

Gemäß der Rechtsprechung darf im Arbeitszeugnis folgendes **nicht** stehen:

- **Krankheitszeiten, Schwangerschaft** oder **Schwerbehinderteneigenschaft**
- Private Angelegenheiten des Arbeitnehmers, wie zum Beispiel **Gewerkschafts- oder Parteizugehörigkeit** oder dass der Arbeitnehmer **Mitglied im Betriebsrat** war
- **Kündigungsgründe** (sofern sie für das weitere Berufsleben von Nachteil sind) oder **Abmahnungen**
- Straftaten, sofern sie nichts mit dem Arbeitsverhältnis zu tun haben

Welche Formulierungen sind bei der Leistungs- und Führungsbeurteilung im Arbeitszeugnis üblich? ?

Folgende Formulierungen sind bei der **Leistungsbeurteilung** üblich:

Sehr gut	... stets zu unserer vollsten Zufriedenheit ... stets zu unserer vollen Zufriedenheit erledigt und unseren Erwartungen in jeder Hinsicht entsprochen
Gut	... stets zu unserer vollen Zufriedenheit erledigt
Befriedigend	... zu unserer vollen Zufriedenheit erledigt ... stets zu unserer Zufriedenheit erledigt
Ausreichend	... zu unserer Zufriedenheit erledigt
Mangelhaft	... im Großen und Ganzen zu unserer Zufriedenheit erledigt
Ungenügend	... er hat sich bemüht, die übertragene Arbeit zu unserer Zufriedenheit zu erledigen ... er zeigte für seine Arbeit Verständnis

Folgende Formulierungen sind bei der **Führungsbeurteilung** üblich:

Sehr gut	• Sein Verhalten war stets vorbildlich • Sein Verhalten war stets einwandfrei
Gut	• Seine Führung war einwandfrei (gut), er gab uns niemals Anlass zu Beanstandung • Sein Verhalten war vorbildlich, er gab uns niemals Anlass zu Beanstandung
Befriedigend	• Sein Verhalten war einwandfrei
Ausreichend	• Sein Verhalten war zufriedenstellend • Er machte sich mit großem Eifer an die ihm übertragenen Aufgaben
Mangelhaft	• Seine Führung war im wesentlichen einwandfrei • Sein Verhalten gab uns selten Anlass zu Beanstandungen
Ungenügend	• Sein Verhalten gab Anlass zur Beanstandung

Schlussformel: Beispiel:
Er verlässt uns auf eigenen Wunsch.
Wir bedauern sein Ausscheiden und danken für die stets gute Zusammenarbeit und wünschen ihm weiterhin viel Erfolg.

Beachte:
Laut Bundesarbeitsgericht (BAG) hat man auf eine derartige **Schlussformel keinen Rechtsanspruch**

5.5 Einführung und Unterweisung von Mitarbeitern

MITARBEITEREINFÜHRUNG

Eine sorgfältige Personalauswahl bis zur Vertragsunterzeichnung mit einem neuen Mitarbeiter ist kostspielig und zeitaufwändig für die Unternehmen, denn es werden oftmals weder Kosten noch Mühen gescheut. Danach sieht es leider oftmals anders aus.
Statistiken belegen, dass bis zu 40% der neuen Mitarbeiter ihren Arbeitsplatz bereits im ersten Jahr wieder wechseln. Psychologisch gesehen sind gerade die ersten Tage und Wochen ausschlaggebend dafür, ob die Mitarbeiter im neuen Unternehmen bleiben wollen und sich wohl fühlen.

Warum ist eine gute Einführung eines neuen Mitarbeiters eine äußerst verantwortungsvolle Aufgabe? ?

Mit der richtigen Einführung am ersten Tag/in den ersten Tagen im Unternehmen schafft man fruchtbaren Boden für eine gute zukünftige Zusammenarbeit.

Eine gute Personaleinführung ist wichtig, ...
- da ein neuer Job grundsätzliche eine belastende Situation für den neuen Mitarbeiter darstellt => neue Umgebung => berufliche und soziale Veränderungen
- da ein neuer Job einen hohen Informations- und Einweisungsbedarf mit sich bringt => Sicherheitsaspekt
- da sich der neue Mitarbeiter schnellstmöglich fachlich und persönlich eingliedern soll => Identifikation mit der Organisation
- zur Ausschöpfung des Potentials des neuen Mitarbeiters
- um Produktivität und Zufriedenheit beim neuen Mitarbeiter zu schaffen
- da eine mangelhafte Einarbeitung die Investition in die Zukunft zunichte macht

Der Industriemeister hat daher einige Überlegungen, Planungen und Vorarbeiten zu leisten. Er hat außerdem zu berücksichtigen, dass jede Art von Veränderung in seiner Arbeitsgruppe Unruhe bewirkt und möglicherweise Konflikte heraufbeschwört.

§ 81 des Betriebsverfassungsgesetzes enthält Regelungen zur Einführung und Information am Arbeitsplatz für den neuen Mitarbeiter.

? Wie soll die Integration des neuen Mitarbeiters ablaufen ?

Die Integration des Neuen soll folgendermaßen ablaufen:

1. **Vorbereitende Tätigkeiten bis zum 1. Arbeitstag** zur Vorbereitung auf den neuen Mitarbeiter
   - ⇒ Einsatz und Einführung einplanen
   - ⇒ Arbeitsplatz vorbereiten (Werkzeug, Werkbank, Maschine usw.)
   - ⇒ Den Fähigkeiten und Fertigkeiten entsprechende Arbeiten vorbereiten
   - ⇒ Geeigneten, erfahrenen Mitarbeiter (Paten) auswählen und informieren
   - ⇒ Rechtzeitige Information der Gruppenmitglieder über den neuen Mitarbeiter und dessen Aufgabe innerhalb der Gruppe
   - ⇒ Arbeitsbeginn des neuen Mitarbeiters vormerken und genügend Zeit reservieren

2. **Empfang** durch den Industriemeister
   - ⇒ Evtl. am Werkstor/Pforte persönlich abholen
   - ⇒ Freundliche Begrüßung, positive Atmosphäre schaffen, Wertschätzung des neuen Mitarbeiters, Befangenheit nehmen

3. **Sicherheitsunterweisung, Ausgabe der persönlichen Schutzausrüstung PSA sowie wichtige Vorschriften**
   - ⇒ Betriebsordnung mit wichtigsten Arbeitsregeln, Arbeitszeit, Pausen usw.
   - ⇒ Sicherheitsvorschriften wie Rauchverbot, Schutzbekleidung, besondere Gefahren etc.
   - ⇒ Verhalten bei Krankheit und Unfall
   - ⇒ Werksausweis, Stempelkarte und sonstige wichtige Unterlagen übergeben

4. **Bekanntmachung**
   innerbetrieblichen Rundgang, sowie Kollegen und Betriebsrat vorstellen
   - ⇒ Wichtigste Betriebseinrichtungen zeigen wie Wasch- und Umkleideräume, Toiletten, Kantine, Einrichtungen zur Ersten Hilfe, Sanitätsstelle, Werksarzt
   - ⇒ Mitarbeiter bekannt machen mit Vorgesetzten, Paten, Arbeitskollegen, Betriebsrat etc.
   - ⇒ Groben Überblick über die Aufgaben der Abteilung innerhalb des Betriebes geben

5. **Information**
   - ⇒ Über die Organisation des Unternehmens, über seine Funktion im Hinblick auf betriebliche Zusammenhänge informieren
   - ⇒ Über betriebliche Sozialleistungen informieren
   - ⇒ Bedeutung der Aufgaben des neuen Mitarbeiters erklären

6. **Einarbeitung des neuen Mitarbeiters**
mit Zeitrahmen und Hilfestellungen
- ⇒ Den Mitarbeiter mit seinen Aufgaben vertraut machen und schrittweise an seine Arbeit heranführen z.B. nach der Vier-Stufen-Methode
- ⇒ Kollegen als Paten zur Seite stellen
- ⇒ Den neuen Mitarbeiter ermutigen, ggf. Fragen zu stellen
- ⇒ Einarbeitungsplan durchführen
- ⇒ Der Industriemeister soll sich regelmäßig über die Einarbeitungsfortschritte des neuen Mitarbeiters informieren

UNTERWEISUNG VON MITARBEITERN

DEFINITION ARBEITSUNTERWEISUNG

Eine Arbeitsunterweisung ist eine unmittelbare Einführung in die praktische berufliche Tätigkeit und stellt die Hauptform des planmäßigen Lehrens und Lernens (z.B. in der betrieblichen Ausbildung) dar.

Die Arbeitsunterweisung ist besonders geeignet zur **Vermittlung von manuellen Grundfertigkeiten und Verhaltensweisen** am Arbeitsplatz, bei denen es kaum oder gar keinen Spielraum für eigenes selbständiges Handeln und für eigene Entscheidungen gibt.

Psychologischer Hintergrund der Arbeitsunterweisung:
Der Erfolg des Lernens ist dann am größten, wenn der Lernende die zu erlernende Tätigkeit selbst ausführen kann (**Lernen durch Tun**).

Die **bekannteste Methode der Arbeitsunterweisung** ist die **Vier-Stufen-Methode**.

Ziel der Vier-Stufen-Methode ist es, dass der Lernende die gezeigten Schritte des Unterweisenden/Ausbilders, genauso nachmacht, so dass sich die systematischen und richtigen Handlungs- und Verhaltensweisen von Anfang an korrekt einprägen.

? Wie gehen Sie bei der Vier-Stufen-Methode vor?

1. Stufe: Vorbereiten:

Eigene Vorbereitung des Unterweisenden:
Der Arbeitsplatz/Lernort muss vorbereitet sein; das Thema, das Ziel und die Arbeitsgliederung müssen erarbeitet sein; die zur Unterweisung notwendigen Arbeitsmaterialien müssen bereitgestellt sein sowie der "Unterweiser" muss sprachlich und methodisch vorbereitet sein.

Vorbereitung des zu Unterweisenden
Thema, Aufgabe und Lernziel(e) erläutern; Vorstellen; positive Atmosphäre schaffen und Hemmungen nehmen; Motivieren des zu Unterweisenden durch Interesse wecken; nach Vorkenntnissen fragen; benötigte Arbeitsmittel erläutern

2. Stufe: Vormachen und Erklären:

Der Unterweisende demonstriert langsam die Arbeitsschritte entsprechend seiner Arbeitsgliederung und erläutert dabei kurz, klar und eindeutig die Teilschritte des Arbeitsvorgangs (**was macht er, wie macht er es und warum macht er es so**). Die wichtigsten Punkte des Arbeitsgangs müssen betont werden.
Der zu Unterweisende sieht zu und hört zu.

3. Stufe: Nachmachen und Erklären:

Der zu Unterweisende macht die Arbeitsschritte nach und erklärt dabei was er macht, und warum er es so macht. Der Unterweiser beobachtet, greift bei Fehlern ein und gibt Hilfestellungen. Er lobt richtige Handlungen.

4. Stufe: Üben und Transfer:

Das Erlernte muss nun mehrfach wiederholt, geübt und regelmäßig kontrolliert werden.

Was sind die Vorteile und die Nachteile der Vier-Stufen-Methode?

?

Vorteile der Vier-Stufen-Methode	Nachteile der Vier-Stufen-Methode
• Einfach zu handhaben • Sofortige, unmittelbare Erfolgskontrolle • Anpassungsmöglichkeit an individuelle Voraussetzungen der Teilnehmer (wie Lerntempo etc.) • Anschaulichkeit durch Vormachen • Realitätsnähe/Praxisnähe • Große Effektivität durch das Verbinden von Theorie und Praxis • Hohe Behaltensquote durch eigenes Tun • Gründliches und rationelles Lernen • Einschränkung der Unfallgefahr • Kostengünstig • Der Industriemeister wird zum Coach • Förderung der Zusammenarbeit zwischen Industriemeister und Mitarbeiter	• Hoher Personalaufwand • Nur für einzelne Auszubildende oder für kleine Auszubildendengruppen geeignet • Der Auszubildende hat keinen Spielraum bei der Ausführung der Tätigkeit • Nicht kreativ • Keine Freiräume für selbständiges Handeln oder für selbständige Problemlösungsfindung

Teil 6

Förderung der Kommunikation und Kooperation durch Anwenden von Methoden zur Lösung betrieblicher Probleme und sozialer Konflikte

6.1 Betriebliche Probleme und soziale Konflikte

KONFLIKTE

DEFINITION KONFLIKT

Ein Konflikt liegt vor, wenn gegensätzliche Verhaltensweisen, Meinungen oder Ziele zwischen zwei Personen aufeinanderprallen (= **interpersoneller Konflikt**) **oder** wenn man sich innerhalb der Person zwischen einander widersprechenden Motiven und Interessen entscheiden muss (= **intrapersoneller Konflikt**).

BEACHTE

Konflikte und Krisen sind normal!
Konflikte sind unvermeidbar und gehören zum Alltag eines Unternehmen, denn Menschen sind unterschiedlich und zeigen eigene Vorstellungen, Absichten und Verhaltensweisen, die mit denen von anderen Menschen häufig nicht überein stimmen.

Aber, Probleme bereitet zumeist nicht der Konflikt, sondern die Unfähigkeit der Führungskraft, die Konflikte zu bewältigen. Entscheidend ist daher wie der Industriemeister mit der Konfliktsituation umgeht.

Es ist von größter Wichtigkeit, dass der Industriemeister Konflikte als normal bewerten. Weiterhin muss er im Bearbeiten von Konflikten geschult sein, denn es ist Aufgabe des Industriemeisters, Differenzen zu steuern und zu regeln.

Das Wort "Konflikt" setzt sich im Chinesischen aus den Schriftzeichen für "Krise/Gefahr" und "Chance" zusammen,
d.h. die Wirkung von Konflikten kann destruktiv/negativ oder konstruktiv/positiv sein, je nachdem was die Beteiligten aus der Situation machen.

? Welche positiven und negativen Auswirkungen können Konflikte haben?

Positive Auswirkungen der Konflikte	Negative Auswirkungen der Konflikte
• Offenlegung der bestehenden Gegensätze d.h. Konflikte weisen auf Probleme und Missstände hin • Förderung von Veränderung und Fortschritt d.h. Konflikte verhindern Stagnation und Erstarrung und lösen Veränderungen, Entwicklungen sowie Verbesserungen aus • Der Konflikt zwingt die Parteien dazu, ihre Forderungen offen zu begründen; dadurch werden persönliche und soziale Lernprozesse gesteuert und Selbstsicherheit gefördert • Steigerung des Gruppenzusammenhaltes (Konflikte sorgen für Einheitlichkeit in der Gruppe) • Konflikte regen Interesse und Neugier an • Konflikte verbessern die Fähigkeit zur Rollen- und Perspektivenübernahme	• Beeinträchtigung des zwischenmenschlichen Verhältnisses • Reibungsverluste, Fluktuation, Belastung der Arbeitsabläufe • Auffälligkeiten im Sozialverhalten oder Leistungsverhalten, wie aggressives Verhalten, sich aus dem Weg gehen, Handgreiflichkeiten, Beleidigungen, innere Kündigung, resignieren, lügen, mobbing etc.

? Welche Konfliktsignale/Konfliktsymptome gibt es?

Konflikte brechen nicht plötzlich aus, sondern schon im Vorfeld treten gewisse **Vorboten** als deutliche Signale auf:

- **Kommunikationsstörungen** wie aggressiver Kommunikationsstil, ungewöhnliche Reizbarkeit, kein Feedback, Schweigen
- **Widerstand** z.B. häufiges Widersprechen, Trotzreaktionen, Auflaufen lassen
- **Feindseligkeit** z.B. verletzende herabsetzende Bemerkungen, Intrigen, Denunzieren, „kalte" Freundlichkeit kommt auf
- **Konformität** z.B. „Rad fahren", „nach dem Mund reden", negative Nachrichten unterdrücken
- **Desinteresse** z.B. nur das Notwendigste Tun, Mutlosigkeit, Niedergeschlagenheit, Unpünktlichkeit
- **Flucht** z.B. hohe Krankheits- und Fehlzeiten, häufiges zu Spät kommen

- **Formalität** z.B. distanzierte Höflichkeit
- **Sturheit** z.B. starres Festhalten an der eigenen Sichtweise und dem bisherigen Vorgehen, pedantisches Einhalten von Regeln und Vorschriften
- **Hohe Fehlerquote**, hohe Ausschussrate, hohe Reklamationsrate

Wie können Konflikte unterschieden werden?

?

Konflikte können nach folgenden Kriterien unterschieden werden:

1. nach der Wirkung	• konstruktiv oder • destruktiv
2. nach der Wahrnehmung	• latent/unterschwellig oder • offensichtlich
3. nach den Beteiligten	• interpersonell (zwischen zwei oder mehreren Personen) • intrapersonell (innerhalb einer Person) • innerhalb einer Gruppe • zwischen mehreren Gruppen • zwischen einer Person (z.B. Moderator) und Gruppe
4. nach dem Inhalt	• Sachkonflikt • Beziehungskonflikt • Wertekonflikt

Welche Arten von Konflikten (Konfliktinhalten) gibt es in der Arbeitswelt?

?

Sachkonflikte	**Es gibt folgende Sachkonflikte:** • **Zielkonflikte** d.h. es besteht Uneinigkeit über die Ziele durch gegensätzliche Ziele und Interessen z.B. Qualität contra Kosten • **Beurteilungskonflikte** d.h. es besteht Uneinigkeit über die Wege durch unterschiedliche Informationen und Informationsbearbeitung bzw. durch unterschiedliche Methoden zur Zielerreichung • **Verteilungskonflikte** d.h. es besteht Uneinigkeit über die Ressourcen durch Diskrepanz zwischen verfügbaren Mitteln und Ansprüchen

Beziehungs-konflikte	Bei den Beteiligten besteht Uneinigkeit über das Miteinander, es bestehen unterschiedliche Gefühle bei den Mitarbeitern. Beziehungskonflikte entstehen durch Autoritätskonflikte, Machtkonflikte, Rivalitäten, Aversionen, unterschiedliche persönliche Zielsetzungen, unterschiedliche Gefühle wie Antipathie, Misstrauen, Vorurteile etc. Beziehungskonflikte begleiten meistens die Sachkonflikte. Wichtig ist, dass zuerst tragfähige Beziehungen hergestellt werden müssen, bevor der Sachkonflikt bearbeitet werden kann.
Werte-konflikte	Bei den Beteiligten bestehen unterschiedliche Werte/Wertesysteme und Normen z.B. soziale, politische, religiöse Werte

!

BEACHTE

Es bestehen Wechselwirkungen zwischen den Konfliktarten!

?

Welche organisatorischen Maßnahmen kann ein Unternehmen einführen, um Konflikten entgegenzuwirken bzw. diese positiv zu bearbeiten?

- Einsatz eines Mediators/Schlichters/Vermittlers
- Einführung von Qualitätszirkeln
- Führungskräfteschulungen, Teamschulungen, Rollenspiele
- Wertschätzende Unternehmenskultur
- Kooperativer Führungsstil, kooperative Arbeitsformen
- Intensivierung der Kommunikation und des Informationsaustauschs

?

Nach welcher Strategie sollte der Industriemeister zur Bewältigung des Konfliktes vorgehen?

1. **Ermittlung des Sachverhaltes/Klärung der Ausgangslage**
   Was ist vorgefallen? Wie, wann und warum ist der Konflikt entstanden? Was sind die Konfliktpunkte? Welchen Verlauf hat der Konflikt genommen?

2. **Erforschung der Ursachen und Zusammenhänge/Herausarbeiten des Konfliktes**
   Wie sehen die Konfliktpositionen aus? Mit welchen Mitteln wird der Konflikt unterstützt?
   Ziel ist es, Konsens zwischen den Konfliktparteien herzustellen.
   Beachte: Der Personaler darf keine Partei ergreifen oder ein Urteil fällen. Er muss als neutraler Moderator/Mediator beim Konfliktgespräch agieren

3. Gemeinsame Konfliktlösung suchen
Beiderseits tragbare Lösungen sammeln z.B. im Rahmen eines Brainstormings

4. Vereinbaren der geeigneten Wege und Maßnahmen
Bewertung der Lösungsmöglichkeiten und gemeinsame Entscheidung durch die Konfliktparteien für die beste Lösung. Beachte: **win-win-Lösung** d.h. es darf keinen Verlierer geben, die Lösung muss die Interessen beider Parteien berücksichtigen.
Wege und Maßnahmen zur Behebung des Problems festlegen. **Wer macht was, bis wann und wie?**

5. Ausführung und Kontrolle der Maßnahmen

BESCHWERDEN

Konflikte werden häufig in Form von Beschwerden an den Industriemeister herangetragen. Für den Umgang mit Beschwerden gibt es einige Grundsätze, die beachtet werden sollten und auch im BetrVG niedergelegt sind.

Nach § 84 des Betriebsverfassungsgesetzes hat jeder Arbeitnehmer grundsätzlich ein Beschwerderecht.

Wie sollen Beschwerden behandelt werden?

?

1. Anhören	⇒ Beschwerde ernst nehmen ⇒ Den Beschwerdeführer ausreden lassen ⇒ Nicht sofort Stellung dazu nehmen
2. Prüfen	⇒ Zusammenhänge klären und Ursachen feststellen, die zur Beschwerde geführt haben ⇒ Sachliche Analyse erstellen ⇒ Ansichten anderer Beteiligten anhören
3. Handeln	⇒ Gemeinsame Maßnahmen zur Bewältigung einleiten ⇒ Hilfestellung geben ⇒ Sollte die Beschwerde ungerechtfertigt sein, versuchen, Einsicht beim Beschwerdeführer zu erzeugen
4. Beobachten	⇒ Feststellen, ob die Maßnahme bzw. die Hilfe reicht ⇒ Prüfen, ob der Anlass beseitigt worden ist ⇒ Prüfen, ob der Beschwerdeführer zufrieden ist ⇒ Prüfen, wie solche oder ähnliche Fälle vermieden werden können

FEHLZEITEN

DEFINITION FEHLZEITEN

Unter Fehlzeiten versteht man die in Stunden oder Tagen gemessene Abwesenheit der Mitarbeiter vom Arbeitsplatz, unabhängig von den vorliegenden Gründen.
Man unterscheidet hierbei planbare und nicht planbare Fehlzeiten. Beide haben unterschiedliche Ursachen und Auswirkungen.

Nicht planbare Fehlzeiten	Planbare Fehlzeiten
Motivationsbedingte Fehlzeiten (Fehlzeiten, die in der Person des Mitarbeiters liegen) Mögliche Ursachen: Erhöhter Leistungsdruck, Angst vor dem Verlust des Arbeitsplatzes, Stress, Unlust, Überforderung, fehlender Sinn in der Arbeit, psychische Erkrankung	• Urlaub, Sonderurlaub • Weiterbildung • Krankheit • Mutterschutz • Beschäftigungsverbot

Berechnung der Fehlzeitenquote:

$$\frac{\textit{Fehlzeiten (in Tagen) insgesamt}}{\textit{Arbeitstage insgesamt}}$$

FLUKTUATION

DEFINITION FLUKTUATION

Unter Fluktuation versteht man fast alle Formen von Personalabgängen. Menschen verlassen aus unterschiedlichsten Gründen Unternehmen - oft haben sie aus ebenso unterschiedlichsten Gründen bereits lange vor ihrem Ausscheiden "innerlich gekündigt".

Berechnung der Fluktuationsquote:

$$\frac{\textit{Anzahl der (freiwilligen) Personalabgänge (pro Jahr)}}{\textit{Durchschnittlicher Personalbestand (pro Jahr)}}$$

Welche Fluktuationsursachen lassen sich unterscheiden?

?

Betriebliche Fluktuations-ursachen	⇒ Geringe oder fehlende Karriereaussichten, fehlende Beförderung ⇒ Negativer Arbeitsinhalt wie Lärm, Schmutz, schmales Aufgabenfeld, Monotonie, fehlende Freiräume ⇒ Arbeitseinsatz/Arbeitszeit wie Schichtarbeit, Überstunden, Lage der Arbeitszeit, zu anstrengende Arbeit ⇒ Arbeitsumfeld wie autoritäres Führungsverhalten, schlechtes Betriebsklima, inkompetente Führung, negative Unternehmenskultur, Schwierigkeiten mit Kollegen (Mobbing) ⇒ Ungerecht empfundene Vergütung oder Urlaubsgestaltung ⇒ Betriebliche Gründe wie Rationalisierung, Produktionseinschränkungen etc.
Persönliche Fluktuations-ursachen	⇒ Krankheit, gesundheitliche Gründe wie Allergien, Rückenprobleme, Bandscheibenvorfall ⇒ Wohnsitzwechsel/familienbedingter Umzug ⇒ Aufnahme von selbständiger Arbeit ⇒ Aufnahme einer Vollzeitweiterbildung z.B. Meisterschule

Welche Folgen zieht die Fluktuation nach sich?

?

Fluktuationen durch das ungewollte Ausscheiden von Mitarbeitern ziehen hohe Folgekosten für das betroffene Unternehmen nach sich.
Und zwar Folgekosten durch:

⇒ Personalbeschaffungskosten
(wie Kosten für Schaltung einer Anzeige, für Auswahlprozess etc.)
⇒ Einarbeitungskosten, Zeit- und Kraftaufwand durch die Einarbeitung, evtl. Qualitätsprobleme während der Einweisung
⇒ Verlust von Know How
⇒ Mehrarbeit bei anderen Mitarbeitern durch Übernahme von Aufgaben der vakanten Stelle oder durch die Einarbeitung
⇒ Störungen/Unruhen, Störung des Betriebsklimas
⇒ Nachlassende Produktivität

Welche Möglichkeiten hat der Industriemeister Fluktuation und Fehlzeiten zu reduzieren?

?

Der Industriemeister kann durch ein professionelles Führungsverhalten einen möglichen Einfluss auf Fluktuation und Krankenstände nehmen.

Der Industriemeister hat folgende Möglichkeiten, Fluktuation und Fehlzeiten zu reduzieren:

- ⇒ Korrektes Führungsverhalten in Bezug auf Mitarbeiter und Arbeitsverteilung
- ⇒ Sinnvolle Zusammensetzung der Arbeitsgruppe
- ⇒ Weiterentwicklung der Mitarbeiter unterstützen
- ⇒ Intensive Mitarbeiterkontakte und Mitarbeitergespräche
- ⇒ Klare Anweisungen
- ⇒ Respekt, Wertschätzung, Leistungen bewusst anerkennen
- ⇒ Verbessern des Betriebs- und Arbeitsklimas, Stärkung des Wir-Gefühls
- ⇒ Gute Informationsweitergabe und Verdeutlichung gemeinsamer Ziele
- ⇒ Ehrlichkeit und Offenheit im Umgang
- ⇒ Sinnvolle Delegation auch anspruchsvoller Aufgaben
- ⇒ Konstruktive Kritik
- ⇒ Zeit nehmen für Probleme der Mitarbeiter
- ⇒ Steigern des Verantwortungsbewusstseins der Mitarbeiter
- ⇒ Freude an der Arbeit vermitteln, damit die Mitarbeiter gerne zur Arbeit kommen
- ⇒ Keine Über- oder Unterforderung
- ⇒ Mitarbeiter entsprechend ihren Fähigkeiten einsetzen

? Was versteht man unter „innerer Kündigung"?

DEFINITION INNERE KÜNDIGUNG

Unter innerer Kündigung versteht man die nicht explizit geäußerte Verweigerung und Distanzierung von der beruflich engagierten Pflichterfüllung.
Der Mitarbeiter beschränkt seinen Arbeitseinsatz auf ein minimal erforderliches Maß hinaus (Dienst nach Vorschrift), ohne das Arbeitsverhältnis zu kündigen, denn es bestehen Umstände, die ihn zwingen, seine Stellung zu behalten.

Mögliche Anzeichen innerer Kündigung:

- Fehlendes Engagement und Einsatzbereitschaft, reduzierte Kommunikation, mangelnde Initiative, Rückzug, kein Einbringen neuer Ideen, Passivität, „Absitzen" des Arbeitstages
- Resignation, Kraftlosigkeit, Langeweile, Desinteresse oder sarkastische Kommentare der beruflichen Situation und der Perspektive
- Häufiges krankheitsbedingtes Fehlen am Arbeitsplatz
- Desinteresse an Weiterbildung und Karriere
- Ablehnung von Veränderung
- Übergenaues Einhalten der Vorschriften

KOMMUNIKATION

DEFINITION KOMMUNIKATION

Lateinisch: communicare =
teilen, mitteilen, teilnehmen lassen, gemeinsam machen, vereinigen

Kommunikation ist die Verständigung, die Übermittlung oder Mitteilung von Informationen und die Übertragung von Bedeutungsinhalten. Gleichzeitig ist sie Bildung einer sozialen Einheit durch die Verwendung von Zeichen und Sprache.

BEACHTE
Eine erfolgreiche Informationsvermittlung setzt voraus, dass es zu keinen Störungen kommt und dass **Empfänger und Sender die jeweiligen Signale gleich deuten**, indem sie z.B. dieselbe Sprache sprechen.

!

Erläutern Sie das einfache Kommunikationsmodell (= Sender-Empfänger-Modell)

?

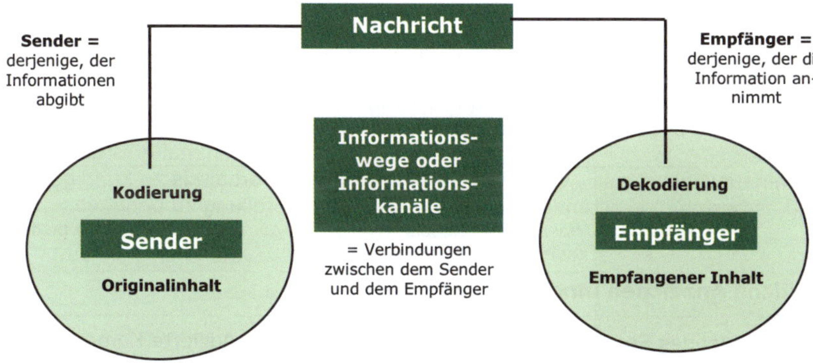

Kommunikation bedeutet, dass eine Person (der Sender) verschlüsselte Zeichen als Nachricht übermittelt, die eine andere Person (der Empfänger) entschlüsseln kann.

BEACHTE
Die Kodierung erfolgt unbewusst z.B. durch Verwendung von Dialekten, Fremdwörtern, Fachbegriffen

!

? **Welche Kommunikationsformen gibt es?**

Man unterscheidet zwei Formen der Kommunikation:

- **Verbale** Kommunikation (verbal = in Worten)
  wie Sprache und Texte

- **Nonverbale** Kommunikation (nonverbal = ohne Worte)
  wie Gestik, Blickverhalten, Mimik, Körperhaltung, Tonhöhe, Lautstärke, Kleidung, Modulation, Sprechtempo, Pausen, räumliches Distanzieren, Körperkontakt, Geruch etc.

! **BEACHTE**

In Gesprächen sind in der Regel die **nonverbalen Botschaften mächtiger** als die verbalen. Sobald nonverbale Signale nicht kongruent (übereinstimmend) mit den verbalen Aussagen sind, wertet der Kommunikationspartner die nonverbalen Botschaften als die relevanteren.

? **Erläutern Sie das „Vier Seiten einer Nachricht Modell" nach Friedemann Schulz von Thun**

Das Vier-Seiten-Modell ist ein Kommunikationsmodell, nach dem jede Nachricht vier Botschaften enthält. Jeder Sender, ob er dies beabsichtigt oder nicht, sendet immer gleichzeitig alle diese vier Botschaften.

Sachinhalt	Worüber wird informiert? Inhalt der Nachricht
Beziehung	Was hält der Sender vom Empfänger und wie stehen die beiden zueinander?
Selbstoffenbarung	Was tut der Sender über sich selbst kund?
Appell	Wozu will der Sender den Empfänger veranlassen?

Der Empfänger hat die Aufgabe, die Botschaft zu entschlüsseln.

Je nach Beziehung zwischen Sender und Empfänger, Lernerfahrungen des Empfängers, situativen Bedingungen oder Vorerfahrungen mit dem Sender der Botschaft, wird er einer Seite den Vorzug geben.

Aber,
oft ist es dem Empfänger nicht bewusst, dass er eine Botschaft einseitig interpretiert.

INFORMATION

DEFINITION INFORMATION

„Information" wird im allgemeinen Sprachgebrauch gleichgesetzt mit den Begriffen Wissen, Auskunft, Nachricht, Mitteilung, Erkenntnis oder Erfahrung.

Im betrieblichen Sinne ist „Information" die zweckbestimmte Interpretation von Daten durch den Menschen, die im Unternehmen übermittelt, verarbeitet und gespeichert werden.

Information und Kommunikation sind heute für den Unternehmenserfolg unerlässlich und zu den wichtigsten Faktoren geworden. Denn nur **der informierte Mitarbeiter kann zielgerichtet mitarbeiten und mitdenken.**

Wie muss Information vermittelt werden (Anforderungen)?

?

⇒ inhaltlich richtig
⇒ inhaltlich vollständig (umfassend)
⇒ handlungsgerecht
⇒ arbeitsunterstützend
⇒ ständig und rechtzeitig
⇒ verständlich

BEACHTE
Die Führungskraft ist verantwortlich, dass ihre Mitarbeiter die notwendigen Informationen zur mittelbaren und unmittelbaren Arbeitserledigung erhalten.

!

Welchen Zweck haben Informationen?

?

- Information führt zu einem Gewinn an Wissen
- Information schafft Motivation und Leistungsbereitschaft
- Information ermöglicht die Verringerung von Ungewissheit und verhindert damit Gerüchte
- Information ist eine Grundvoraussetzung für Leistung und Leistungsbereitschaft

6.2 Mitarbeitergespräche und betriebliche Besprechungen

MITARBEITERGESPRÄCHE

DEFINITION MITARBEITERGESPRÄCH

„Mitarbeitergespräch" ist der **Überbegriff** für alle Gespräche mit und unter Mitarbeitern.
Zum Mitarbeitergespräch zählen alle Gespräche zwischen Vorgesetzten und ihren Mitarbeitern, die über die routinemäßige Alltagskommunikation hinausgehen.
Das Mitarbeitergespräch ist also ein Zweckgespräch, das mit einem ganz bestimmten Ziel geführt wird.

Welche Arten von Mitarbeitergesprächen sind für den Industriemeister wichtig? ?

Für den Industriemeister sind folgende Mitarbeitergespräche wichtig:

- Beurteilungsgespräch
- Fördergespräch/Personalentwicklungsgespräch
- Konfliktgespräch
- Kritikgespräch
- Anerkennungsgespräch
- Fehlzeitengespräch/Rückkehrgespräch
- Einstellungsgespräch etc.

Welche Merkmale haben Mitarbeitergespräche?

- besonderer Anlass oder Themen
- bestimmter Sachinhalt und Zielsetzung
- in der Regel vom direkten Vorgesetzten geführt
- in der Regel ein Vier-Augen-Gespräch

Wie werden Mitarbeitergespräche (organisatorisch und inhaltlich) vorbereitet?

Organisatorische Vorbereitung	• Rechtzeitige Einladung mit Nennung des Anlasses • Termin und Ort nennen • Bei Beurteilungs- und Personalentwicklungsgesprächen den Mitarbeiter bitten, sich auf das Gespräch vorzubereiten • Störungsfreier äußerer Rahmen gewährleisten d.h. keine Störungen, ausreichend Zeit, geeignete Räumlichkeiten, unter „Vier-Augen" etc.
Inhaltliche Vorbereitung	• Ziel des Gespräches erarbeiten (= Was will ich erreichen?) • Inhalt des Gespräches vorbereiten, wie sammeln und strukturieren der Informationen, erstellen eines Fragenkatalogs, roter Faden z.B. Was weiß ich über die Aufgaben des Mitarbeiters? Welches waren die Ergebnisse des letzten Beurteilungsgesprächs? • Einstimmung auf den Gesprächspartner, insbesondere welche Argumente wird der Gesprächspartner vorbringen

FRAGETECHNIK/GESPRÄCHSFÜHRUNG

Welche Bedeutung hat eine angemessene Fragetechnik für den Verlauf eines Mitarbeitergesprächs?

Durch geeignete Fragen und gute Gesprächsführung läuft ein Mitarbeitergespräch meist positiv ab.

Wer fragt, der führt. Durch gezielte Fragen erhält man zum einen viele Informationen und zum anderen kann man das Gespräch in die gewünschte Richtung lenken.

Ziele des Fragens:

- Hervorrufen von Denkanstößen beim Gesprächspartner
- Einholen von Informationen oder von Sachantworten

Was versteht man unter der „BAR-Formel“?

?

Jedes Mitarbeitergespräch sollte grundsätzlich nach der B-A-R-Regel durchgeführt werden.

"Meine Regeln"	Vorgehen/ Maßnahmen
B eteiligung Wie bringe ich meinen Gesprächspartner zum Reden? Wie vermeide ich Behauptungen? Wie lasse ich ihn auf Wege oder Lösungen kommen? Welche Entscheidungen kann ich ihm selbst überlassen?	
A nteilnahme Wie ist seine Lage und sein Standpunkt? Wie kann ich Verständnis für was zeigen? Was kann er begreifen, was nicht und warum bzw. warum nicht? Was könnte ihm Angst machen?	
R espektieren Wie zeige ich Respekt vor • seiner Person • seiner Leistung • seinem guten Willen?	

Welche Regeln zur Gesprächsführung gelten für das erfolgreiche Führen von Mitarbeitergesprächen?

?

- Strukturierter Gesprächsablauf
- Zielorientiert d.h. sich auf die Sache konzentrieren und nicht am Thema vorbeireden
- Respekt, Wertschätzung und Unvoreingenommenheit gegenüber dem Gesprächspartner d.h. den Gesprächspartner, seine Sichtweisen, Standpunkte, Meinungen und Motive achten
- Aktives und aufmerksames Zuhören
- Konstruktive, sachliche und beschreibende Kritik – nicht beleidigen
- Den Gesprächspartner nicht unterbrechen, sondern ausreden lassen
- Glaubwürdigkeit/Kongruenz d.h. Information und Kommunikation mit einem Mitarbeiter sind nur dann erfolgreich, wenn dieser von den ehrlichen Absichten des Vorgesetzten überzeugt ist
- Keine Überlegenheit demonstrieren, etwa durch rhetorische Fragen oder durch den Gebrauch vieler Fremdwörter
- Ernst nehmen des Gesprächspartners und seiner möglichen Probleme
- Positiver Gesprächsabschluss

? Welche Fragetechniken/Fragearten können unterschieden werden?

Fragearten	Erläuterung	Beispiel
Offene Fragen	Offene Fragen kann man nicht mit „ja" oder „nein" beantworten. Es sind Fragen bei denen offen ist, wie die Antwort des Gesprächspartners ausfällt. Sie bieten ein breites Spektrum an Antwortmöglichkeiten. Wir erfahren Wünsche und Meinungen unserer Gesprächspartner.	Wie sehen Sie diese Situation? Was können wir in Bezug auf die Arbeitssituation verbessern?
Geschlossene Fragen	Geschlossenen Fragen lassen nur vorher festgelegte Antworten zu. Die Antwortmöglichkeiten sind vorgegeben bzw. definiert, entweder durch die Frage selbst (Mehrfachwahlfragen wie „wollen Sie a, b oder c?") oder durch die explizite Nennung der zur Auswahl stehenden Antworten (Alternativfragen „ja oder nein?") Geschlossene Fragen können ein Gespräch ersticken.	Kommen Sie zur betrieblichen Weihnachtsfeier?
Suggestivfragen	Bei der Suggestivfrage versucht der Fragende seinen Gesprächspartner in seinem Sinne zu beeinflussen. Sie unterstellt eine bestimmte Meinung.	Sie als Experte sind doch sicher auch meiner Meinung, dass ...
Gegenfragen	Gegenfragen beantworten Fragen mit einer erneuten Frage. Vorteile: Durch die Gegenfrage kann man Zeit gewinnen und sie regt zum Nachdenken an	
Rhetorische Fragen	Rhetorische Fragen sind Fragen, die keiner Antwort bedürfen. Sie wird benutzt, um Zustimmung zu erhalten.	Sie finden doch auch dass ...
Wiederholende Frage	Die wiederholende Frage wiederholt die Argumente des Gesprächspartners im Sinne des aktiven Zuhörens. Man kann damit seinem Gegenüber zeigen, dass man ihn verstanden hat.	Habe ich Sie richtig verstanden, dass ...? Sie würden also sagen, der neue Auftrag ist ... ?
Richtungsweisende Fragen	Richtungsweisende Fragen veranlassen den Gesprächspartner in eine bestimmte Richtung zu denken, und somit seinen Denkprozess zu steuern.	Was würden Sie sagen, wenn ...

ANERKENNUNGSGESPRÄCHE

Anerkennungsgespräche sind eine Auszeichnung für den Mitarbeiter. Anerkennung soll die Reaktion der Führungskraft sein, wenn Leistungen des Mitarbeiters **über dem Durchschnitt** liegen.

Aber, leider sind Anerkennungsgespräche ein vielfach vernachlässigtes Führungsinstrument.

Welche Vorteile bieten richtig geführte Anerkennungsgespräche?

?

Anerkennung ...

- wirkt sich fördernd auf die Einstellung zur Arbeit aus
- bietet dem Mitarbeiter Orientierung
- spornt zur effektiveren Arbeit an
- schafft Erfolgserlebnisse und Zufriedenheit
- bestätigt und motiviert zum Wiederholen der guten Leistung
- ist ein kostenloses Motivierungs- und Führungsinstrument
- steigert die Produktivität und die Leistungsbereitschaft des Mitarbeiters
- ist Bestandteil einer guten Unternehmenskommunikation
- bietet dem Mitarbeiter Wertschätzung

Was ist beim Anerkennungsgespräch zu beachten?

?

- Nur verdiente Anerkennung ist auszusprechen, also wenn Leistungen des Mitarbeiters über dem Durchschnitt liegen
- Die Anerkennung muss **glaubwürdig** sein, d.h. sie muss für den Empfänger nachvollziehbar und ehrlich sein und nicht als „Zuckerbrot" wirken
- Die **konkrete sachliche Leistung**, nicht die Person ist anzuerkennen. Es muss genau herausgestellt werden, was anerkannt wird.
- Anerkennung sollte unter **Vier-Augen** stattfinden, damit kein Neid bei den anderen Mitarbeitern aufkommt
- Bei gegebenem Anlass **zeitnah** anerkennen, nicht erst Wochen später, sonst verpufft die Wirkung
- Das **rechte Maß** der Anerkennung muss gewahrt werden
- Bei Gruppenleistungen keinen Einzelnen herausstellen - selbst dann nicht, wenn tatsächlich Unterschiede festzustellen sind
- Keine Anerkennungsgespräche zwischen Tür und Angel

KRITIKGESPRÄCHE

DEFINITION

Ein Kritikgespräch ist ein Gespräch mit dem Mitarbeiter aufgrund beobachteten Fehlverhaltens.

Ziel der Kritik ist es, menschliches Fehlverhalten so positiv zu beeinflussen, dass der Mitarbeiter aus innerer Überzeugung sein Verhalten ändert und die geforderte Leistung erbringt. Echte Kritik soll dem Kritisierten helfen.

Ein Kritikgespräch ist nicht einfach, denn es ist für den Mitarbeiter und evtl. für den Industriemeister unangenehm.

Aber, Kritik ist notwendig, weil ...

- es ohne sie keine Verbesserung gibt
- sie ein Gespräch über Leistung und Verhalten ist
- sie künftige Leistungen und Ergebnisse verbessern soll
- sie motivieren soll

? Was ist beim Kritikgespräch zu beachten?

- Voraussetzungen für ein solches Gespräch ist eine Abweichung bei einem Soll-Ist- Vergleich, dabei muss der Maßstab für eine Leistung bekannt und akzeptiert gewesen sein - Zielsetzung soll eine gewünschte Verhaltensveränderung sein
- Kritikgespräche sollen immer lösungsorientiert statt problemorientiert sein
- Kritik soll konstruktiv sein
- Kritik soll unter vier Augen geschehen, also nicht vor anderen
- Kritik soll sachlich und angemessen sein
- Kritik soll nicht Angst erzeugen und keine Abrechnung oder Fertigmachen sein
- Kritik ist zeitnah zu äußern und zwar unmittelbar nach der Fehlleistung, aber nicht im Affekt - es ist auf die richtige Situation/den richtigen Zeitpunkt zu achten
- Kritik soll Raum für konstruktive Antworten des Mitarbeiters lassen, auch um seine Perspektive der Dinge zu verstehen
- Kritik immer auf die Sache beziehen und niemals auf die Person
- Keine alten Fehler aufwärmen

? Wie ist das Kritikgespräch durchzuführen?

1. Phase: Eröffnung	Anlass des Gesprächs nennen. Neutrale und genaue Beschreibung des Kritikpunktes. Beachte: Das Gespräch sollte sachlich, wertfrei und ohne Vorhaltungen beginnen.
2. Phase: Sicht des Mitarbeiters	Dem Mitarbeiter eine Gegendarstellung ermöglichen bzw. ihn um eine Erklärung für sein Verhalten bitten, auch wenn die Sachlage scheinbar klar erscheint. Erst wenn die Argumente und Gefühle des Mitarbeiters bekannt sind, kann in die dritte Phase übergeleitet werden.
3. Phase: Ursachenerforschung	Gemeinsam die Ursachen des Fehlverhaltens feststellen.

4. Phase: Lösungen vereinbaren und Abschluss	Mitarbeiter Lösungsmöglichkeiten und Verbesserungsideen, wie er künftig Fehler bzw. negative Verhaltensweisen vermeiden kann, selbst finden lassen. Künftiges Verhalten klar vereinbaren bzw. den Weg zur zukünftigen Vermeidung des Fehlverhaltens vereinbaren. Beide Gesprächspartner unterzeichnen eine entsprechende Vereinbarung. Positiver und motivierender Abschluss d.h. der Mitarbeiter sollte bei Beendigung des Gesprächs erkennen, dass man nach wie vor auf seine Leistung setzt und die Vertrauensbasis für eine Erfolg versprechende Zusammenarbeit auch weiterhin besteht. Der Informations- und Meinungsaustausch sollte in der Folgezeit intensiviert werden.
5. Phase: Nachbereitung	Nachbereitung des Kritikgesprächs mit folgenden Überlegungen: ⇒ Hat das Gespräch das gewünschte Ergebnis gebracht? ⇒ Ist ein neues Gespräch, vielleicht mit schärferer Gangart, notwendig?

Die drei wichtigsten Fragen des Kritikgesprächs:

⇒ Was ist nicht richtig?
⇒ Warum ist es nicht richtig?
⇒ Wie können wir gemeinsam in Zukunft diese oder ähnliche Fehler vermeiden?

RÜCKKEHRGESPRÄCHE/FEHLZEITENGESPRÄCHE

Üblicherweise wird ein Rückkehrgespräch geführt, wenn sich der Mitarbeiter nach längerer oder wiederholt kürzerer Abwesenheit wieder am Arbeitsplatz einfindet.

BEACHTE

Das Rückkehrgespräch darf nicht auf der Basis von Vermutungen (z.B. blau machen) stattfinden und der Mitarbeiter darf dieses Gespräch auch nicht als "Schnüffelei" empfinden. Ausschlaggebend ist die Beziehung, die der Industriemeister mit seinen Mitarbeitern hat. Denn, wenn er sich stets um seine Mitarbeiter kümmert, wird das Rückkehrgespräch mit Sicherheit als positiv empfunden.

!

Möglicher Ablauf eines Rückkehrgespräches:

⇒ Evtl. unter Beteiligung von Personalabteilung, Betriebsrat oder Dolmetscher

⇒ **Gesprächsvorbereitung:**
Gute Recherche, Analyse der Fehlzeiten, Gesprächsziel festlegen, ausreichend Zeit einplanen, für ungestörten Raum sorgen sowie den richtigen Zeitpunkt auswählen

⇒ **Gesprächsdurchführung**
- ⇒ Begrüßung, sachliche Darstellung und Gründe des Fehlens erfragen
- ⇒ Aktuellen Gesundheitszustand beschreiben lassen
- ⇒ Auf Folgen für den Mitarbeiter selbst, die Kollegen und das Unternehmen hinweisen
- ⇒ Unterstützungsmöglichkeiten bieten (Betriebsarzt, Hausarzt), dabei Drohungen, Vorwürfe und Zweifel an der Krankheit sowie Druck vermeiden
- ⇒ Klare Vereinbarungen für das Verhalten in der Zukunft treffen und das Gespräch positiv beenden
- ⇒ Evtl. Gesprächsinhalt protokollieren
- ⇒ Beachte:
  Einhaltung der Vereinbarungen sind zu kontrollieren.
  Bei Nichteinhaltung ist ein weiteres Gespräch (2. Gespräch) zu führen mit Androhung „leichter" Konsequenzen wie Abmahnung sowie die Einbeziehung der Personalabteilung.
  Beim notwendigen 3. Gespräch ist Personalabteilung und Betriebsrat zu beteiligen. Abmahnung aussprechen, evtl. Versetzung androhen. Ein Protokoll ist zu führen.
  Beim notwendigen 4. Gespräch ist ein Versetzungs-/bzw. Entlassungsgespräch durch den Personalleiter zu führen. Betriebsrat ist einzuschalten.

BESPRECHUNGEN

DEFINITION BESPRECHUNGEN

Unter Besprechung versteht man die Zusammenkunft bestimmter Mitarbeiter an einem Treffpunkt, zumeist unter Teilnahme des Vorgesetzten, um arbeitsbezogene Probleme und Themen zu diskutieren und um eine zukünftige gemeinsame Strategie zu entwerfen.

Welchen Zweck/Anlässe haben Besprechungen? ?

⇒ Informationsaustausch
Informationen weitergeben und alle Teilnehmer auf den gleichen Informationsstand bringen, denn Information ist ein wichtiger Erfolgsfaktor im Unternehmen

⇒ Problemlösung
Probleme besprechen und dabei das Wissen, die Erfahrungen und auch das kreative Potenzial der Teilnehmer einer Besprechung nutzen, um Ursachen zu identifizieren und Lösungen zu finden

⇒ Finden einer Entscheidung
Informationen zusammentragen, Entscheidungen vorbereiten, Meinungen diskutieren, gedankliche Vorwegnahme der Entscheidung

Welche betrieblichen Besprechungen gibt es (Besprechungsarten)? ?

Typische betriebliche Besprechungen sind insbesondere ...

- Dienst-/Arbeitsbesprechungen
- Projektbesprechungen
- Teambesprechungen
- Qualitätszirkel
- Konferenzen (= Eine Konferenz ist ein Informationsaustausch mit größerem Personenkreis)
- Informations-Meetings
- Problemlösungsbesprechung
- Besprechung zur Entscheidungsfindung
- Besprechung zur Ideenfindung
- Erfahrungsaustausch und Diskussion

Wie bereitet man eine Besprechung vor? ?

Vorbereitung einer Besprechung:

⇒ Prüfen, ob eine Besprechung notwendig ist
⇒ Festlegen des Ziels der Besprechung
⇒ Prüfen, wer an der Besprechung teilnehmen soll
⇒ Erstellen der Tagesordnung
⇒ Festlegen des Orts, Datums, Beginn und Ende der Besprechung
⇒ Moderator bestimmen, falls benötigt
⇒ Rechtzeitige Einladung der Teilnehmer unter Bekanntgabe der Tagesordnungspunkte
⇒ Raum reservieren, vorbereitende Unterlagen und fehlende Informationen besorgen, Medien/Visualisierungstechnik reservieren, evtl. Verpflegung bestellen

MODERATION

DEFINITION MODERATION

lat.: moderare= „steuern“, „lenken“
Unter Moderation versteht man die bewusste Steuerung von Gruppenprozessen.

!

BEACHTE

Der Moderator ist Fachmann für die Methode, also die Vorgehensweise und Kommunikation während des Gesprächs - er ist nicht der Fachmann für den Inhalt, der die schnellen Antworten und Lösungen parat hat.

? Was sind die Ziele einer Moderation?

Die Moderation einer Gruppe hat grundsätzlich die **effektive Steuerung und Verbesserung von Kommunikation** und damit die **Erhöhung der Teameffektivität** zum Ziel.

Es geht hauptsächlich darum, die Gruppenmitglieder/**Mitarbeiter zielgerichtet zu beteiligen** und somit gemeinsam zu Ergebnissen und Entscheidungen zu gelangen, die von der ganzen Gruppe im Konsens getragen und umgesetzt werden. Hierbei ist das fachliche und kreative Know-how der Teilnehmer in die Arbeit zu integrieren.

Die Moderation soll Arbeitsprozesse in Gang bringen, Vorgehen abstimmen, Konflikte bearbeiten oder Entscheidungen vorbereiten und treffen.

? Welche Anforderungen stellt die Moderation an den Moderator?

Der Moderator benötigt

⇒ eine **hohe Methodenkompetenz**
z.B. die Fähigkeit Probleme neutral anzusprechen und zu lösen, die Gesamtzusammenhänge zu verstehen und die Gesprächsergebnisse richtig und systematisch zusammenzufassen und zu visualisieren

⇒ eine **hohe Sozialkompetenz**
z.B. hohe Kommunikationsfähigkeit, ausgeprägtes Einfühlungsvermögen in gruppendynamische Vorgänge, hohe Motivations- und Aktivierungsfähigkeit im Hinblick auf die Gruppenleistung

⇒ **Neutralität**
d.h. er muss inhaltlich neutral bleiben (dies fällt nicht immer leicht, insbesondere wenn man über entsprechendes Fachwissen verfügt, was man beisteuern möchte oder wenn einen die Ergebnisse des Gesprächs selbst betreffen)

Welche Regeln erfordern eine erfolgreiche Moderation?

?

Der Moderator muss ...

- wertschätzend mit den Teilnehmern und ihren Beiträgen umgehen
- neutral bleiben
  d.h. er darf nicht Partei ergreifen, er darf Beiträge weder werten noch kommentieren (kein Teilnehmer hat Recht oder Unrecht)
- selbstbewusst auftreten
- aktiv Zuhören
  d.h. er muss versuchen, sich in den Gesprächspartner einzufühlen und beim Gespräch mitzudenken
- alle Teilnehmer gleichermaßen zu Worte kommen lassen
- Fragen stellen, statt Antworten und Lösungen vorzugeben, Gespräche anstoßen, beleben, nachfragen, den Teilnehmern helfen sich zu äußern, alle miteinbeziehen, Kreativität mobilisieren, zur Reflexion anregen
- Beiträge strukturieren
- Ergebnisse dokumentieren, Prozesse und Ergebnisse transparent machen, Resultate und Aussagen visualisieren (Medienkompetenz)
- Bewertung und Lösungsfindung der Gruppe überlassen
- ergebnisorientiert handeln
- die Zeit im Auge behalten

Welche Aufgaben hat der Moderator allgemein?

?

Der Moderator ...

- ist Fachmann für die Methode
- steuert den Prozess der Problemlösung in Richtung Zielerreichung
- muss eine offene und konstruktive Atmosphäre schaffen
- die Spielregeln (z. B. ausreden lassen) und das Formale (wie Themen, Vorgehensweisen) bei der Eröffnung bekannt geben, auf die Einhaltung der Spielregeln achten und diese während der Moderation auch durchsetzen
- achtet auf das Gruppenklima sowie auf die Balance zwischen den Teammitgliedern
- sorgt für die Rahmenbedingungen
- bestimmt die Visualisierungstechniken und das Methodeninstrumentarium
- muss Zeitplan und Gesamtprozess beachten und den roten Faden behalten
- muss alle Mitarbeiter beteiligen und deren fachliches Know-How in die Problemlösung integrieren
- achtet darauf, dass am Ende ein Ergebnis steht

? Welche Aufgaben hat der Moderator in der Vorbereitungsphase, während der Moderation und nach der Moderation?

1. Aufgaben des Moderators in der Vorbereitungsphase:

- **Folgende Vorüberlegungen sollte der Moderator anstellen:** Rechtfertigt die Fragestellung den Aufwand einer Besprechung? Ist das Ziel exakt festgelegt und auch allen TN klar? Sind die richtigen TN ausgewählt? Kann der Teilnehmerkreis Entscheidungen treffen? Sind allen TN die Regeln einer erfolgreichen Moderation bekannt? Wird ein Ergebnisprotokoll geführt?
- **Organisatorische Vorbereitung**: Einladung der Teilnehmer mit Raum-, Zeit-, Themennennung und Zeitplan

2. Aufgaben des Moderators während der Moderation:

- **Zeitplan und Gesamtprozess im Auge behalten**
- **Achtet auf das Gruppenklima und interveniert** durch anregen von Diskussionen über Fragen, Worte erteilen und Wortmeldungen entgegennehmen, Formulierungshilfen geben, Konflikte erkennen und bearbeiten, Ordnung sicherstellen/Unfaires zurückweisen, TN hereinholen, TN beim Thema halten, TN ermutigen auch unkonventionelle Ideen und Meinungen zu äußern
- Sorgt für **Sicherstellung von Zwischenergebnissen**, Ideen und Vorschlägen durch Dokumentation, Zusammenfassung, Visualisierung, Systematisierung
- **Vereinbart** mit den Teilnehmern „wer was bis wann macht"

3. Aufgaben des Moderators nach der Moderation (Nachbereitung):

- Erstellen eines Protokolls und Versenden des Protokolls an alle Teilnehmer
- Die eigene Vorgehensweise und Rolle während der Moderation reflektieren
- Überprüfen, ob die dokumentierten Verantwortlichkeiten für die jeweiligen Aufgaben mit Fälligkeitsterminen in gewünschter Form eingehalten worden sind; die Verantwortlichen zur Einhaltung der Vereinbarungen motivieren und ggf. Unterstützung anbieten
- Folgesitzung methodisch vorbereiten

? Welche unterschiedlichen Rollen hat der Moderator bei der Moderation?

Diener der Gruppe	Der Moderator versteht sich als Helfer bzw. Diener der Gruppe. Es ist seine Aufgabe der Gruppe zu helfen, eigenverantwortlich zu ihrem Ergebnis zu kommen, d.h. er achtet darauf, dass die Gruppe arbeitsfähig ist und bleibt, zielorientiert arbeitet und selbst Lösungen für die Fragen/Probleme findet.
Partner der Gruppe	Der Moderator stößt Gespräche/Diskussionen an, fragt nach, helft den Teilnehmern sich zu äußern, zieht alle mit ein, fasst zusammen, visualisiert, geht auf alle ein.

Organisator	Der Moderator ist zuständig für die Rahmenbedingungen, für die Vorbereitung und die Durchführung der Moderationssitzung
Problem-und Konfliktlöser	Der Moderator hilft der Gruppe mit seiner Methodenkompetenz ein Problem zu lösen. Auch greift er bei Störungen und Konflikten ein und sorgt für Klärung, damit die Arbeitsfähigkeit der Gruppe wiederhergestellt wird.
Geburtshelfer	Der Moderator begleitet die Teammitglieder auf ihrem Weg zum Ziel. Er hilft den Teammitgliedern, indem er Diskussionen über zielorientierte Fragen anregt, Formulierungshilfen gibt sowie ermutigt, unkonventionelle Ideen und Meinungen zu äußern, ohne sich inhaltlich einzumischen
Prozessbegleiter	Der Moderator begleitet und steuert den Diskussionsprozess. Er führt die Gruppe zu einem Ergebnis bzw. Ziel.
Steuermann	Der Moderator steuert den Prozess der Besprechung oder der Problemlösung. Er behält den Überblick, er vereinbart Spielregeln mit der Gruppe und sorgt für deren Einhaltung.
Koordinator/ Vermittler	Der Moderator vermittelt als neutrale Person zwischen den Teammitgliedern z.B. bei Konflikten.
Motivator	Neben einem ausgeprägten Einfühlungsvermögen in gruppendynamische Vorgänge, muss der Moderator eine hohe Motivations- und Aktivierungsfähigkeit aufweisen.

Welche Rollen haben die Teammitglieder bei der Moderation? ?

Die Teammitglieder stehen im **Mittelpunkt** der Moderation, sie sind die **Träger der Gruppenleistung** und damit verantwortlich für die Qualität und Quantität der Gruppenleistung.

Nicht das Expertenwissen einzelner Mitglieder, sondern eine optimale Nutzung des gesamten Wissensspektrums und ihres kreativen Potenzials, einschließlich der sozialen und methodischen Fähigkeiten und Fertigkeiten aller Teammitglieder ist dabei entscheidend.

? **Welche Phasen der Moderation gibt es?**

	Inhalt der Moderationsphase	Mögliche Methoden
Phase 1	**Einstieg** Kurze Einleitung über Inhalte und Ziele, Hinführung zum Thema, Orientierung geben, positive Atmosphäre schaffen	• Kurzpräsentation • Erwartungsabfrage • Einpunktabfrage
Phase 2	**Themen sammeln** Welche Themen sind aus der Sicht der Gruppe zu berücksichtigen? Welchen Themen sind aktuell für die Gruppe wichtig und besprechungswürdig?	• Brainstorming • Kartenabfrage • Themenspeicher
Phase 3	**Thema auswählen** Reihenfolge der zu besprechenden Themen herstellen, Themen nach Priorität gewichten	• Mehrpunktabfrage • ABC-Analyse • Pareto-Diagramm
Phase 4	**Thema bearbeiten** Darstellung des Problems, Ursachen analysieren, Besprechen der Zusammenhänge sowie der Fakten der Thematik, Sammeln von Lösungsvorschlägen und Überprüfung auf Eignung	• Problem-Analyse-Schema • Zwei/Vier-Felder-Tafel • Ursachen-Wirkungs-Diagramm/ Ishikawa-Diagramm/ Fischgrätendiagramm • Mind-Map • Matrixdiagramm
Phase 5	**Maßnahmen planen** Umsetzung der gefundenen Lösungen organisieren => „wer macht was wozu bis wann"?	• Maßnahmenplan
Phase 6	**Abschluss** Ergebnisse zusammenfassen, Danksagung, Maßnahmenplan schriftlich erstellen, Fortsetzung klären, evtl. Nachfolgegesprächstermin abstimmen	• Stimmungsbarometer • Blitzlicht • Einpunktabfrage • Fragebogen • Abschlussfeedback

Welche Methoden und Techniken sollte der Moderator bei den Moderationsphasen beherrschen?

?

Grundregeln der Visualisierung	⇒ Konzentration auf das Wesentliche d.h. Stichworte, kurz halten, keine ganzen Sätze, keine Fließtexte, nicht mit Text überfrachten ⇒ Gut lesbare und richtige Schriftgröße ⇒ Grafiken, Symbole, Diagramme und Bilder gezielt einsetzen ⇒ Gestalterische Mittel, wie Farben und Hervorhebungen, maßvoll nutzen, um die Übersichtlichkeit zu fördern ⇒ Blöcke bilden und gliedern, bei logisch zusammengehörenden Elementen/ Informationen ⇒ Medien (wie Beamer, Overhead, Metaplanwand, Flipchart etc.) gezielt einsetzen
Erwartungs-abfrage	Erwartungen, Vorbehalte und Ängste können durch die Erwartungsabfrage zu Beginn der Moderation visualisiert werden. Ziele der Erwartungsabfrage: Veranschaulichung der Gruppenstimmung, Kennenlernen der Bedürfnisse der Teilnehmer, Abbau von Vorbehalten und Ängsten, um die Moderation auf die Teilnehmer abzustimmen Bsp.: „Was soll passieren?", „Was darf nicht passieren?", „Ich erwarte von der Teamsitzung...."
Einpunktabfrage	Bei der Einpunktfrage wird eine Frage auf ein Flip-Chart oder eine Metaplanwand geschrieben und dazu Extremantworten formuliert. Diese visualisierte Frage soll nun durch das Kleben eines Punktes - auf einer gleitenden Skala, einer gestuften Skala, oder auf einem 2-dimensionalen Koordinatenfeld - beantwortet werden. => Die Teilnehmer bewerten also Fragen oder Lösungsansätze mit Punkten Ziele: Transparenz schaffen, Entscheidungen treffen, Informationsstände abklären etc.
Brainstorming/ Brainwriting/	Phase 1: Die Teilnehmer sollen ohne jede Einschränkung Ideen produzieren und sich gegenseitig inspirieren, indem sie bereits geäußerte Ideen aufgreifen und kombinieren. Grundregeln: Kritik verboten, Quantität vor Qualität Phase 2: Ergebnisse sortieren und bewerten d.h. die Ideen werden gruppiert und in der Gruppe bewertet.
Kartenabfrage	Die Kartenabfrage dient zur Sammlung von Themen, Fragen, Ideen, Lösungsansätzen etc. Eine Frage wird visualisiert und von den Teilnehmern in schriftlicher Form auf Moderationskarten beantwortet. Dann werden die Karten vom Moderator eingesammelt, vorgelesen und ungeordnet angepinnt. Im Anschluss werden die Karten von der Gruppe nach thematischer Verwandtschaft und Möglichkeit der gemeinsamen Bearbeitung geordnet (= clustern). Diese „Sinneinheiten" werden zum Abschluss mit passenden Überschriften/Oberbegriffen versehen.
Themenspeicher	Ein Themenspeicher bietet einen Überblick über die gefundenen Themen/ Schwerpunkte und stellt die Grundlage für die Weiterarbeit dar. Die Themen werden entweder in der Reihenfolge im Themenspeicher bearbeitet oder es erfolgt eine Prioritätensetzung anhand von Klebepunkten.
Mehrpunktab-frage	Themen werden in eine Matrix aufgenommen. Jeder Teilnehmer erhält halb so viele Klebepunkte wie Themen zur Wahl stehen, mit denen er seine Favoriten wählen kann. Pro Thema darf jeder allerdings maximal zwei Punkte vergeben. Die Mehrpunktabfrage ist eine Abstimmungsmethode, um Entscheidungen herbeizuführen und Prioritäten zu setzen.

ABC-Analyse	**Erkennen von Prioritäten**, mit dem Ziel, die einzelnen Aufgaben in priorisierter Reihenfolge und in der jeweils günstigen Zeitspanne auszuführen.
Paretodiagramm	Das Paretodiagramm ist ein Säulendiagramm, das auf dem Paretoprinzip beruht. Das Pareto-Prinzip wird häufig mit der **„80/20 Regel"** umschrieben. **Die Pareto-Regel lautet:** **20% der Ursachen/des Aufwands sind für 80% der Folgen/ Auswirkungen/ Ergebnisse verantwortlich.** Beispiel:. 20% der Produkte erwirtschaften 80% des Umsatzes. Mit Hilfe eines Säulendiagramms, werden die Ursachen nach ihrer Bedeutung geordnet, so dass die Wichtigkeit einer Ursache direkt aus dem Diagramm abgelesen werden kann. Pareto-Diagramme werden als Entscheidungshilfen zur Festlegung der Reihenfolge der zu lösenden Probleme genützt.
Problem-Analyse-Schema	Gliederung des Problems in Teilprobleme mit anschließender Entwicklung von Lösungsansätzen und gedankliches Durchspielen möglicher Hindernisse bei deren Realisierung. Zu stellende Fragen: • Was ist das Problem? • Was ist die Ursache? • Was können wir tun? • Was spricht dagegen?
Zwei -(Vier)-Felder-Tafel	Bei der Zwei -(Vier)-Felder-Tafel wird das Thema auf einem Flipchart geschrieben und dann in zwei (vier) Felder unterteilt, die jeweils mit einem Gegensatzpaar in Frageform überschrieben werden. Die Vier-Felder-Tafel wird auch Fadenkreuz genannt. Beispielsfragestellungen: Ist - Soll - Widerstände - Lösungsansätze
Ishikawa-Diagramm/ Ursache-Wirkungs-Diagramm	Ein Ursache-Wirkungs-Diagramm (auch Fischgrätendiagramm genannt) ist eine graphische Darstellung von Ursachen, die zu einem Ziel/ einer Wirkung führen bzw. dieses Ziel maßgeblich beeinflussen. Ausgangspunkt ist eine „Fischgräte". Der „Kopf" der Gräte bezeichnet das Problem (Ziel, Wirkung), für das Ursachen zu suchen sind und die Enden der Fischgräte bezeichnen die vier „M´s" (= **Mensch, Maschine, Material und Methode**), die zu einer bestimmten Wirkung führen. Die gesammelten Ursachen werden anschließend gewichtet. Die Gewichtung verdeutlicht, wo schnell und erfolgsversprechend gehandelt werden kann.
Mind-Map	⇒ **„Gedankenlandschaft"** ⇒ Mind Maps stellen anschaulich unterschiedliche Aspekte und Zusammenhänge eines Problems oder Sachverhaltes dar und helfen dadurch Gedanken schnell zu entwickeln ⇒ Vorgehen: Das zentrale Thema wird in der Mitte des Papiers/der Tafel aufgeschrieben => dann werden Schlüsselwörter gesammelt, die zu dem Hauptthema einfallen (Brainstorming) => die Schlüsselwörter werden nun Oberbegriffen zugeordnet => die Oberbegriffe werden als Hauptäste eingefügt => die Hauptäste bekommen wiederum Verzweigungen Beachte: Grafische Elemente wie Farben, Pfeile, Symbole und Bilder erhöhen die Anschaulichkeit
Matrixdiagramm	In einem Matrixdiagramm werden Beziehungen und Wechselwirkungen von mindestens zwei Gesichtspunkten dargestellt und bewertet.
Maßnahmenplan	Tabelle, auf der alle nach der Besprechung durchzuführenden Aktivitäten aufgelistet sind. Der Plan legt konkret fest, **welcher Mitarbeiter sich um welche Aufgabe bis wann und wie kümmert.**

Stimmungsbarometer	Beim Stimmungsbarometer kleben die Teilnehmer einen Punkt an ein Thermometer/Barometer bzw. in eine Tabelle, um die **momentane Gruppenstimmung** darzustellen.
Blitzlicht	Das Blitzlicht wird z.B. bei Störungen eingesetzt und dient dazu, die augenblickliche Stimmung der Gruppe zu fixieren. Jeder Teilnehmer hat die Möglichkeit, in einem kurzen Beitrag seine momentane Stimmungslage in der gegenwärtigen Situation anzusprechen, z.B. über die Zusammenarbeit in der Gruppe, seine Zufriedenheit über das Ergebnis etc. Wichtig ist, dass die Äußerung nicht diskutiert oder kommentiert wird.

Literaturhinweise

Birker, Klaus: Führung. Entscheidung, Praktische Betriebswirtschaft, Cornelsen Verlag, 1. Auflage, Berlin 1997

Blanchard, Kenneth; Carew, Donald ; Parisi-Carew, Eunice: Der Minuten Manager schult Hochleistungs-Teams, rororo, 3. Auflage, Reinbeck 2002

Blanchard, Kenneth; Johnson, Spencer ; Gieselbusch, Hermann; Joost, Gitta: Der Minuten Manager, rororo, 13. Auflage Reinbeck 2002

Blanchard, Kenneth; Oncken Jr., William; Burrows, Hal: Der Minuten Manager und der Klammer-Affe: Wie man lernt, sich nicht zuviel aufzuhalsen, rororo, 10. Auflage, Reinbeck 2002

Blanchard, Kenneth; Zigarmi, Patricia; Zigarmi, Drea: Führungsstile, rororo, 7. Auflage, Reinbeck 2002

Breisig, Thomas: Personalbeurteilung: Mitarbeitergespräche und Zielvereinbarungen regeln und gestalten, Bund-Verlag GmbH, 3. überarbeitete Auflage, Frankfurt am Main 2005

Bundesagentur für Arbeit: Die Arbeitsmarktsituation schwerbehinderter Menschen. Kurzinformation der Arbeitsmarktberichterstattung. Nürnberg, Dezember 2011.

Crisand, Ekkehard; Crisand, Marcel: Psychologie der Gesprächsführung, Windmühle Verlag GmbH, 9. Auflage, Hamburg 2010

Dickemann-Weber, Birgit: Juristisches Tabellenbuch, Verlag Dickemann-Weber, 5. Auflage, Bretten 2012

Fisher, Roger; Ury, William; Patton, Bruce: Das Harvard-Konzept, Campus Verlag, 22. Auflage, Frankfurt am Main 2003

Haller, Reinhold: Mitarbeiterführung kompakt: Grundlagen, Praxistipps, Werkzeuge; Midas Management Verlag, St. Gallen/Zürich 2009

Hesse, Jürgen; Schrader, Hans Christian: Das perfekte Arbeitszeugnis: Richtig formulieren, verstehen, verhandeln, Stark Verlagsgesellschaft mbH & Co. KG, 1. Auflage, Hallbergmoos 2006

Jung, Rüdiger; Bruck, Jürgen; Quarg, Sabine: Allgemeine Managementlehre: Lehrbuch für die angewandte Unternehmens- und Personalführung, Schmidt Erich Verlag, 3. neu bearbeitete und erweiterte Auflage, Berlin 2008

Kaufmann, Stephanie: Das richtige Arbeitszeugnis, Bibliographisches Institut AG, 1. Auflage, Mannheim 2010

Kiefer, Bernd-Uwe; Knebel, Heinz: Taschenbuch Personalbeurteilung: Feedback in Organisationen, Windmühle Verlag GmbH, 12. Auflage, Hamburg 2011

Krüger, Wolfgang: Teams führen, Haufe-Lexware, 5. Auflage, Freiburg 2009

Laufer, Hartmut: Grundlagen erfolgreicher Mitarbeiterführung: Führungspersönlichkeit - Führungsmethoden - Führungsinstrumente, GABAL-Verlag GmbH, 10. Auflage, Offenbach 2010

Olfert, Klaus: Personalwirtschaft, Kiehl, 14. Auflage, Ludwigshafen 2008

Olfert, Klaus: Lexikon Personalwirtschaft, Kiehl, 2. Auflage, Ludwigshafen 2010

Pinnow, Daniel: Führen: Worauf es wirklich ankommt, Gabler Verlag, 5. Auflage, Wiesbaden 2011

Püttjer, Christian; Schnierda, Uwe: Arbeitszeugnisse formulieren und entschlüsseln, Campus Verlag, 2. aktualisierte Auflage, Frankfurt am Main 2011

Rahn, Horst-Joachim: Unternehmensführung, Kiehl Friedrich Verlag GmbH & Co.KG, 6. Auflage, Herne 2005

Schulz von Thun, Friedemann: Miteinander reden 1-3, Rowohlt Verlag GmbH, 8. Auflage, Reinbeck 2008

Seiwert, Lothar; Gay, Friedbert: Persönlichkeit, Das neue 1x1 der Persönlichkeit: Sich selbst und andere besser verstehen, Gräfe und Unzer Verlag GmbH; Vollständig überarbeitete Neuausgabe, München 2004

Statistisches Bundesamt: Statistisches Jahrbuch 2011, Statistischer Informationsservice, www.destatis.de, Wiesbaden 2011

Statistisches Bundesamt: Datenreport 2011, Der Sozialreport für Deutschland, Statistischer Informationsservice, www.destatis.de, Wiesbaden 2011

Stroebe, Rainer W.: Motivation, Recht und Wirtschaft GmbH, 9. überarbeitete Auflage, Heidelberg 2004

Stroebe, Antje I.; Stroebe, Rainer W.: Motivation durch Zielvereinbarung: Engagement in der Arbeit - Erfolg in der Umsetzung, Windmühle Verlag GmbH, 3. überarbeitete Auflage, Hamburg 2010

Rosenstiel, Lutz von; Regnet, Erika; Domsch, Michel E.: Führung von Mitarbeitern: Handbuch für erfolgreiches Personalmanagement; Schäffer-Poeschel, 6. Auflage, Stuttgart 2009

Weber, Dirk; Dickemann-Weber, Birgit: Formelsammlung BWL, Verlag Dickemann-Weber, 3. Auflage, Bretten 2012

Weibler, Jürgen: Personalführung, Vahlen Franz GmbH, 1. Auflage, München 2001

Stichwortverzeichnis

A

B

C

D

E

R

S

T

U

V

W

X

Z